No Pub

Le jour où la pub s'est arrêtée

Groupe Eyrolles
61, bd Saint-Germain
75240 Paris cedex 05

www.editions-eyrolles.com

Avertissements :

En aucun cas les personnages cités n'ont tenu les propos qu'on leur prête dans cet ouvrage et n'ont prêté leur concours à sa rédaction.

ISBN : 978-2-212-54176-2

Luc Laurentin

Thierry Piérard

No Pub

Le jour où la pub s'est arrêtée

EYROLLES

Merci à Laurent Habib d'avoir trouvé le titre de ce livre.

Sommaire

Chapitre 1

Un jogging qui finit mal

Exceptionnellement, le Président avait mal, très mal dormi. Un texto aussi laconique que tardif de son fils – « Il semble qu'ils aient enclenché le processus, on va morfler » – avait généré un malaise qui ne s'était pas dissipé. Lui généralement si prompt à agir dans l'instant avait décidé que, la nuit portant conseil, il prendrait le lendemain les décisions qui s'imposaient ! Mettre l'Élysée à feu et à sang après minuit n'apporterait rien.

Entre 3 heures et 4 heures du matin ne cessant de se retourner dans son lit en quête de ce sommeil réparateur – ce soir aux abonnés absents – où il puisait d'habitude une partie de son énergie, il se leva sans bruit, décidé à rejoindre son bureau sans déranger son épouse.

Quelques minutes plus tard, la voiture franchit lentement la grille du coq sous le regard perplexe du planton. Cette arrivée inusitée du « patron » à l'aube était un fait rare et n'augurait rien de bon. Bougon, celui-ci sortit prestement du véhicule, sans laisser à quiconque le soin d'ouvrir la portière, escalada le perron et annonça à son garde du corps qu'il allait courir.

Encore transpirant de ses deux tours du parc de l'Élysée, Nicolas Sarkozy après une nuit blanche a du mal à assimiler la nouvelle. Évidemment, les deux gendarmes qui l'accompagnent dans son jogging quotidien sont au courant. La règle, durant ces vingt minutes de mise en forme avant la furie d'un emploi du temps immanquablement surchargé, est qu'on y parle de tout en petites foulées et sans retenue. Ces garçons sont épatants. Discrets, efficaces, ils ont vite compris que le Président attendait d'eux plus qu'une simple surveillance rapprochée. Ils sont pour lui un canal de « communication rapprochée ». Un canal qui shunte la soixantaine de collaborateurs directs du « château » quand ils lui racontent sans fioritures ce qui les a intéressés dans *Le Parisien* ou à la télévision, ce que leurs femmes leur rapportent sur leurs émissions de radio préférées ou ce que leurs gosses bricolent sur le Net. Précieux.

Et ce petit matin, il se sent vraiment débarqué dans un drôle de « binz », à l'image de l'expression culte de son copain Christian Clavier, se retrouvant malgré lui, à la fin du film *Les Visiteurs*, « télétransporté » dans une autre époque. Ou plutôt, il se sent trahi. C'est cela. Trahi. La com', il en a fait l'un des fondements de sa présidence. Cinq ans de campagne méthodique, de 2002 à 2007, pour pouvoir courir comme ce matin sur les allées sablonneuses des jardins dessinés par Gabriel. Et même vingt-cinq ans, lorsqu'il s'est emparé de la mairie de Neuilly, en 1983, au nez et à la barbe de ce « terrible M. Pasqua[1] ». Depuis qu'il a accédé à la magistrature suprême, il a peaufiné sa *maestria* d'utilisation de tous les médias possibles pour valoriser la fonction présidentielle au service de la « rupture », assisté d'un *staff* de professionnels qu'il croyait

1. L'expression est de François Mitterrand.

imbattables. Et ce matin, ces deux gendarmes du GSPR[1] confirment ce qui avait été évoqué la veille au soir et avait donné lieu à cette horrible nuit. Dire que même ses propres conseillers n'ont pas été capables de lui annoncer avec un minimum d'anticipation. Un comble !

Sous la douche, il peste contre cette nouvelle qui va sans aucun doute affecter l'image internationale de la nation et la sienne propre. La com', il lui a tout donné. L'aurait-elle quitté après plus de trente ans de bons et loyaux services ?

Les arbres du parc le protègent, aucune rumeur ne parvient dans sa chambre ni ne vient troubler sa réflexion. Il lui semble qu'il a du mal à émerger. Comme un gros coup de fatigue dans cette course effrénée qu'il mène depuis des années, pour sa campagne d'abord, pour réformer ce fichu pays, ensuite, au pas de charge et malgré tous les bien-pensants et contre toutes les lourdeurs accumulées depuis si longtemps. Ce qu'il vient d'apprendre le dépasse complètement. « Mais, bordel, comment en est-on arrivé là ? »

Alors qu'il se rhabille, Emmanuelle Mignon, sa chef de cabinet, l'appelle sur le portable qui ne le quitte jamais. Elle est déjà à son bureau, dans une des ailes qui donne sur la cour d'honneur. Alpiniste chevronnée, cette Chamoniarde d'adoption sait faire court quand c'est nécessaire. Planter un piton et accrocher un mousqueton pour assurer la cordée ne nécessite pas de longs commentaires. C'est ce qu'il apprécie chez elle. Avec le ton presque rogue qu'il prend pour lui répondre, son ton des mauvais jours, elle a compris qu'il sait déjà. Pourtant, ce qu'elle lui commente plus en détail est proprement incroyable.

1. Groupe de sécurité de la présidence de la République.

Maurice Lévy, Vincent Bolloré, Jean-Claude Decaux et les présidents des grandes chaînes de télévision nationales sont à l'heure qu'il est en *conference call* avec tous les syndicats liés aux médias et aux métiers de la communication. Ils viennent d'annoncer pour les uns, d'apprendre pour les autres, une grève illimitée de la publicité : création, production, achat d'espaces, réservation, diffusion, tout. Et toute tentative de négociation semble dans le contexte présent inenvisageable, si ce n'est explosive et pire que tout !

Emmanuelle Mignon a eu Olivier Bouygues au téléphone il y a à peine cinq minutes. Il souhaitait informer personnellement le Président de cette « tuile » qui lui tombait dessus et venait d'intimer l'ordre à Nonce Paolini, directeur général de TF1 et l'un des premiers à subir dès ce matin les prémices dommageables de cette stupéfiante nouvelle, d'en tirer immédiatement les conclusions. TF1 se mettrait dès 7 heures au service minimum. Pas de pub ? Pas de programmes !

Quelques minutes plus tard, négligeant comme à son habitude l'ascenseur installé par François Mitterrand, Nicolas Sarkozy quitte les appartements privés où il vient de se changer. Il descend quatre à quatre le majestueux escalier et traverse l'ancien appartement d'Eugénie de Montijo, affecté à ses principaux collaborateurs, pour rejoindre le Salon doré, bureau présidentiel depuis le général de Gaulle, hormis l'intermède giscardien.

Un nouveau *flash* angoissant traverse son esprit : « Tous les souverains ou grands qui ont vécu ou séjourné ici ont bien mal fini : Murat, Napoléon, le roi de Rome, Napoléon III et Eugénie... » Lui qui a conquis sa présidence tambour battant, comme l'« autre » au pont d'Arcole, va-t-il aussi être précipité dans la chute, tout étant possible avec cette effroyable affaire dont il a du mal à cerner les contours, mais dont son esprit extraordinairement rapide échafaude dans le désordre les conséquences désastreuses ?

Pénétrant dans le Salon doré, il se saisit machinalement de la télécommande qui pilote l'écran plasma, discrètement installé afin de ne pas dénaturer la somptueuse pièce. Entendant le 21e concerto pour piano de Mozart, il est saisi d'un moment d'effroi quand son regard découvre sur TF1, comme au temps de sa petite enfance, la « mire[1] » comme unique image. « Mais je ne suis pas mort ! »

Effectivement, la coutume veut que, lors du décès d'un Président en exercice, les programmes soient immédiatement interrompus pour laisser place à un programme de musique classique. Au demeurant, cela n'était arrivé que pour Georges Pompidou ! Son esprit en ébullition lui envoie ce commentaire : « Et si, sans communication, j'étais, nous étions morts ? »

À une vitesse hallucinante, mille scénarios défilent dans son esprit. La mobilisation de toutes les télévisions étrangères pour pallier en peu de temps la carence des chaînes nationales et de toutes les autres, encore plus dépendantes de la publicité. De toute évidence, Al Jazeera, la BBC, CNN ou d'autres auront les moyens d'agir en un temps record. La Belgique, la Suisse francophone, iront encore plus vite et, compte tenu du nombre de riches Français partis là-bas ces dernières années, ceux-ci n'hésiteront pas à financer des solutions alternatives profitant à leurs affaires. Même chose pour les journaux, Internet permettant une réactivité phénoménale et donnant accès à tout immédiatement.

1. À l'époque de la télévision publique et avant que les chaînes ne diffusent en continu (après 1970), la mire, qui représentait une bande aux couleurs de l'arc-en-ciel, occupait l'écran afin que celui-ci ne soit pas noir quand il n'y avait pas d'images.

Mais, dans son esprit, c'est aussi la révolte, plus que l'incompréhension. « L'affichage dehors, qu'est-ce qu'ils vont en faire ? et la radio, tous leurs spots ? et Martin ? Qu'est-ce qu'il va faire avec sa chaîne ? Et avec son téléphone ? Et Vincent, à la fois opérateur avec Havas et industriel, donc client ? Mais qu'est-ce qui leur prend ? » Tous ces médias qui participent avec tant d'empressement au nouveau tempo présidentiel qu'il a inauguré depuis son élection. Si la pub ne les nourrit plus, que vont-ils devenir ? Avec le déficit galopant, inutile d'espérer avoir recours à l'État providence. Donc, ils le lâcheront. C'est ça. Ils le lâcheront. Impossible ! Pas de com', pas de rupture ! Et puis, un pays de la taille de la France sans pub, ça n'est pas imaginable, non plus. On va encore se f... de nous ! »

Ce bureau lui est soudain insupportable. Son prédécesseur y a passé douze ans. Et voilà qu'un nouveau brûlot se déclare. « Douze ans ! Quand je pense à tout ce que j'ai lancé comme réformes, moi, en quatorze mois ! Merde ! Et là, personne n'a rien vu venir. Personne ne m'a rien dit. Pas vu, pas pris ! Les imbéciles ! »

Rageusement, il éteint l'écran et descend au rez-de-chaussée pour rejoindre le Salon des portraits. Une demi-douzaine de chefs d'États étrangers à l'époque du Second Empire. Pas vraiment chaleureux, mais leurs regards vides lui rappellent la pérennité toute relative de sa fonction. Il y a fait emménager un deuxième bureau présidentiel, plus intimiste et pratique que le Salon doré où il reçoit ses visiteurs de manière officielle. Ici, la vue est tout aussi splendide, sur les jardins et la fontaine. Le mobilier, contemporain, lui convient davantage. D'ailleurs, il y travaille sans cravate.

Emmanuelle Mignon est là, qui l'attend. En fait, elle-même n'est au courant que depuis tard la veille au soir. La soudaineté de l'événement, apparemment imprévisible ou lié à la mésestime du monde économique et politique face à une possible fronde des métiers de la publicité allait lui donner une dimension beaucoup plus grande que si on avait pu « gérer », selon le mot à la mode, le conflit en anticipant des négociations. L'effet de surprise allait rendre beaucoup plus difficile le pilotage des opérations selon le principe évident qu'il vaut mieux être acteur que spectateur. Prenant les devants, elle lui confirme l'ampleur des dégâts.

Ce qu'il entend le projette dans un monde apocalyptique en le renvoyant à ses pensées noires d'il y a quelques instants. Comment poursuivre les réformes sans médias, envoyer des messages de fond sans outils de communication ? Et au-delà, comment administrer les conséquences économiques qui vont découler d'une grève comme on n'en a encore jamais vue ? Ceux qui ont lancé l'information ont été clairs : plus aucune communication publicitaire, de quelque nature que ce soit, ne pourra voir le jour pour une période dont il est impossible d'envisager l'échéance.

Et alors, que va-t-il advenir de la consommation et surtout de l'amélioration du pouvoir d'achat, si souvent invoquée et proclamée depuis son élection, comme une grande cause nationale ? Et l'économie, comment va-t-elle maintenir ses objectifs de croissance ? Et la grande distribution ?

Cette « communication » que tout le monde maltraite depuis des années, dont on se gausse si facilement parce qu'on la confond trop souvent avec la « peopolisation » sans doute parce que lui, mieux qu'un autre, sait s'en servir, c'est quand même le moteur de croissance de la consommation, la boussole dans le maquis des possibles qui permet aux uns et aux autres de choisir une marque, un produit, d'être informé des actions commerciales, promotionnelles. Surtout, mieux qu'un autre, il sait combien elle a contribué à l'élection du sixième président de la Ve République ! Pour convaincre ces Français si versatiles qui, depuis des mois, font jouer du yoyo aux sondages, il sait qu'il faut aller sur le terrain et que les réunions d'informations relayées par la presse sont incontournables et fondamentales.

Un sourire s'esquisse à la commissure de ses lèvres et une image lui traverse l'esprit, celle d'un garde champêtre, tambour et baguettes vigoureuses, traversant les rues d'un village ou d'une petite ville et haranguant le bon peuple pour annoncer la venue du Président ou de l'un de ses ministres au Palais des Congrès. Qui est-ce qui lui a raconté ça ? Ah oui ! C'est Jacques Chirac. La ville, c'était Ussel, dans la Corrèze chérie de l'ancien Président. « Arrête Nicolas, ressaisis-toi ! Ce n'est pas le moment de te laisser impressionner par le passé, toi qui t'es toujours projeté dans le futur. »

Il s'est laissé dépasser à ne fréquenter que le dessus du panier : Bolloré, un modèle d'intelligence et stratège industriel ; son pote Martin qui exploite si bien l'héritage de papa Bouygues entre le BTP, sa chaîne de télévision, et son rôle d'opérateur dans le mobile. Et tous ces publicitaires qui l'ont gavé d'études et de « reco[1] », comme ils disent, pendant des mois et des mois avant, pendant et après les présidentielles. Il les connaît tous et il apprécie leur compagnie. Mais ça devait être insuffisant. Il lui manque des billes pour comprendre. Une affaire pareille, ça n'aurait jamais dû arriver !

La France qui avait inventé le TGV était-elle restée, au niveau de ses institutions publicitaires et de leur mode de fonctionnement, au temps de la locomotive à charbon. Au fait, qui lui

1. Recommandation faite par une agence à son client dans le cadre d'un appel d'offres.

avait fait cette remarque ? Il se souvient parfaitement des mots, l'homme lui avait dit ronger son frein, mais oui, bien sûr, c'était le président de Publicis ! « Si je l'avais écouté plus sérieusement au lieu de me satisfaire de mes *press books* toujours plus épais d'une semaine à l'autre, nous aurions peut-être pu influer sur le cours des choses. »

Aujourd'hui le TGV lancé à grande vitesse avait déraillé et personne ne savait quand il s'arrêterait et ce n'étaient pas les énarques qui allaient lui apporter la solution. « Dire qu'un train déraille, ils sont capables de le constater. Mais calculer où quand et comment on va l'arrêter, ça, il ne faut pas rêver, ils en sont incapables. » C'est Jacques Chirac qui lui avait un jour rapporté cette mauvaise blague racontée par le Premier ministre anglais. S'il ne l'avait pas vraiment appréciée, le « grand Jacques » savait qu'il n'avait pas tort le « Tony », lui qui avait su accélérer le mouvement après que Margaret Thatcher eut remis son pays sur les rails. Avant même la fin de la matinée, on serait au courant dans toutes les chancelleries européennes, comme ailleurs. La honte !

« Dans quatre heures, j'ai conseil des ministres et il faut que j'aie compris, que je puisse leur démontrer que ce n'est pas eux, mais moi qui ai encore cette longueur d'avance qui fait la différence. »

Chapitre 2

Cinq jours plus tôt

Cinq jours plus tôt, Martin Bouygues, debout, face à la fenêtre de son bureau de Challenger, sentait monter l'adrénaline. Délaissant les bureaux de l'avenue Hoche, le nouveau siège social du groupe, trop exposé à son goût à la visibilité médiatique (mais pour combien de temps encore, si les médias étaient mis au régime sec ?), il s'était replié à Guyancourt, derrière les façades métallisées de Challenger qui n'abritait plus, depuis 2006, que le siège de Bouygues Construction. L'y attirait surtout le lien affectif qui le rapprochait de Francis, son père, fondateur du groupe, qui avait imaginé à l'époque ce grandiose siège social, pas plus haut que le château de Versailles voisin (25 mètres), mais tout aussi expressif de la volonté de puissance et de rayonnement de son bâtisseur de propriétaire. C'est là que le fils du génial entrepreneur du BTP trouvait, mieux qu'ailleurs, la ressource intérieure à l'heure des grandes décisions, qu'elles fussent stratégiques ou imposées par la crise, comme aujourd'hui. Par la fenêtre de son bureau, il apercevait, entre deux bosquets du parc que n'aurait pas renié Le Nôtre, les ruches rapatriées du premier siège du groupe, à Clamart. En mai 1968, au plus fort des grèves, alors qu'elles étaient déjà installées sous ses fenêtres, Francis Bouygues les montrait en exemple à ses visiteurs : « Vous voyez ces sympathique butineuses. Elles, au moins, elles ne font pas grève. Pas une qui ne soit affairée à une tâche pour la collectivité. Eh bien, ce sont sans doute les seules ouvrières de France à être au travail aujourd'hui. » Aujourd'hui, justement, tout aussi excédé que son père quarante ans auparavant par cette grève qu'on lui annonçait et qui le révulsait littéralement, Martin Bouygues cherchait à comprendre.

Il était l'un des premiers opérateurs de la publicité. En particulier son chouchou, TF1, étendard emblématique d'une diversification entreprise, et réussie, en 1987, complétée depuis par Bouygues Telecom qui avait durement bataillé pour s'imposer comme le troisième opérateur national dans la téléphonie mobile, sans oublier les nombreuses autres activités du groupe, évidemment toutes consommatrices d'actions de communication. Premier média télé pour le chiffre d'affaires de TF1 Publicité avec près de 54 % de part de marché, plus de cent millions d'euros investis en achat d'espaces pour la téléphonie mobile. Assurément il était un « poids lourd » pour la pub en France. À la fois annonceur et média. Il avait créé sa propre régie pour la vente d'espaces sur TF1 aux agences qui voyaient avec plaisir s'agrandir le choix des points de passage obligatoires pour cette prestation qu'elles avaient peu à peu perdu depuis 1993, date de promulgation de la loi Sapin[1]. Mais, incroyable ! Aujourd'hui, c'étaient ces mêmes agences qui préparaient un mauvais coup. La ruche de la pub devenait

1. Votée en 1993, la loi Sapin a retiré aux agences la commission de 15 % sur l'achat d'espaces qu'elles prescrivaient aux annonceurs. Voir plus loin, le chapitre 6, « Un signal fort de quelques jours ».

complètement folle. Ses ouvrières avaient perdu la tête ou quoi ? Et lui, il se sentait floué, rejeté de ce monde de la pub qui lui devait tant, dont il était devenu l'un des vecteurs incontournables avec sa chaîne grand public aux *prime times* les plus rentables (mais aussi les plus chers) de tous les écrans de langue française. Pire. Il se sentait trahi. Et, surtout, il ne comprenait pas.

Au même moment, rue de Presbourg, Arnaud Lagardère s'interrogeait pareillement. Le groupe légué par le flamboyant Jean-Luc (c'est ainsi qu'il appelait son père en public) était directement menacé.

Une onde d'angoisse le traversa. C'était lui, Arnaud, que Jean-Luc avait envoyé se former chez Grolier, sa filiale presse à l'époque, aux États-Unis, le premier responsable du grand virage stratégique irréversible imposé à Matra, la société d'origine, vers les médias et leur contenu. À présent, ne restait de la dimension industrielle proprement dite de l'ex-missilier et ex-fabricant d'automobiles que la participation de Lagardère dans EADS. Mais celle-ci était régulièrement mise en doute par les médias et lui-même n'était plus très sûr de ce qu'il devait en faire. Ce qu'il ambitionnait clairement, en revanche, c'était de faire de son groupe un Bertelsmann à la française, ou plutôt à l'européenne, voire au-delà, présent dans la presse, dans le livre, dans la distribution, dans le sport et dans l'audiovisuel. Même Jean-Luc, avant sa disparition brutale, était d'accord là-dessus. Patiemment, il avait développé ses magazines, déclinant intelligemment les titres phares dans les pays cibles, assuré sa présence dans la radio autour d'Europe 1, puis créé de nouvelles antennes (RFM, plus d'une centaine de régionales, les thématiques pour les autoroutes, etc.). Sans oublier de laver l'affront de l'échec de La Cinq, en 1992, en étant désormais présent sur le câble et la TNT *via* des chaînes thématiques. Au total, près de 150 marques, qu'il comptait bien optimiser en les gérant comme autant de facettes d'un groupe multimédia à part entière. Cent cinquante marques qui dépendaient évidemment et totalement de la pub.

Aujourd'hui, le grand chantier, c'était la complémentarité papier/Web qu'il mettait en œuvre, et il savait qu'il avait une bonne longueur d'avance sur ses concurrents, en développant notamment le e-commerce sur les sites de ses grands titres. Le « hic », c'est que, comme son compère Martin Bouygues, lui aussi se trouvait être à la fois annonceur, support et régie d'achat d'espaces. Mais il n'était pas une agence. Hormis chez Lagardère Active qui venait de racheter Nextedia, une *web agency* avec laquelle il comptait bien devenir un acteur majeur du marketing interactif.

Si les agences se mettaient en grève, comment le public allait-il réagir ? Et surtout, comment son groupe allait-il supporter cette crise ? Car l'enjeu était énorme. Le risque, majeur. Ce qu'on venait de lui apporter comme nouvelle avait de quoi le faire frémir. Hormis sa participation dans EADS, il voulait devenir un *pure player*[1] dans la production et la diffusion de contenu articulées autour de son portefeuille de marques. Toute la stratégie visait à développer à fond cette synergie entre ses magazines et les sites Web de Lagardère Active, en proposant aux annonceurs un package de supports et de médias les plus complémentaires qui soient. La lectrice d'*Elle* (2,30 euros) devait être intelligemment poussée à consulter le même numéro en ligne (1,50 euro) pour découvrir une offre publicitaire multipliée au moins par deux, y découvrir un univers interactif qui lui soit entièrement dédié, un catalogue de produits presque sans fin tellement les liens y étaient nombreux

1. Entreprise dont l'activité se déroule exclusivement sur le Net.

vers les offres d'essais, vers les conseils d'utilisation, les témoignages, les recettes de maquillage, les promos, les reportages sur les produits en situation, etc. Dans ce contexte, comment résister longtemps aux achats coup de cœur ou raisonnés (qu'importe la motivation) et, surtout, comment résister à cliquer furieusement et passer de nombreuses commandes. Suffisamment pour attirer une offre publicitaire aussi inépuisable que l'engouement des lectrices. Et voilà que ces mecs de la pub voulaient faire grève. Voulaient faire grève ! La pub en grève ? Mais ça n'existait pas ! Ça ne pouvait pas exister ! C'était un non-sens complet ! C'était du suicide ! C'est cela. Du suicide.

Mais ça le suicidait avec.

Ce même jour, encore, mais plus à l'est, dans le XIXe arrondissement, de son bureau qui surplombe le canal de l'Ourcq le long duquel il va régulièrement s'en griller une, un autre président, lui-même fils d'un ancien président (mais dans un autre domaine), calculait mentalement et avec effroi ce que risquait de lui coûter le *scoop* de la matinée.

Le P-DG de Publicis venait d'informer le président du Club Med de l'imminence d'un mouvement de contestation inédit de la profession, décidée à mettre une fois pour toutes les « points sur les *i* » avec les « chers annonceurs ». Une grève, donc, sous huitaine *a priori* (« Vous comprenez, on n'est quand même pas des sauvages comme ces gars de Sud-Rail, qui vous bloquent les trains de banlieue sans préavis »), qui se traduirait par un report, pour l'instant non quantifiable, de la campagne de son client, initialement prévue sous huit jours. (« Mais ça ne devrait pas durer longtemps, vous imaginez bien. C'est juste un coup de semonce, ou plutôt un appel à négocier enfin sérieusement sur cet éternel sujet qui nous empoisonne. Mais si, vous savez bien, nous en avons déjà parlé, la rémunération... »).

Certes, la campagne était mondiale et le budget en conséquence (lors de la compèt', les professionnels évoquaient un chiffre entre 25 et 30 millions d'euros net), et cette improbable grève ne concernait que la France. Mais la stratégie de l'opérateur historique dans le séjour de loisir avait beau être internationale, elle vendait avant tout un concept qui portait une marque typiquement hexagonale : la *french touch* du Club, c'est-à-dire la capacité des Français à profiter de la vie, à y exceller encore et à être reconnus comme tels malgré la globalisation qui poussait à l'unification des comportements. Cette unification, Henri Giscard d'Estaing n'y croyait que pour autant qu'elle fût déclinée autour d'un concept très fédérateur, le plus petit commun multiple en quelque sorte, capable d'attirer aussi bien le Japonais grégaire et le Russe nouveau riche, que l'Américain qui arrose tout au Coca light ou l'Allemand qui raffole de la « danse des canards » entre deux chopes ! Avec son slogan « Tous les bonheurs du monde », il était certain de décliner le bonheur à l'américaine pour les Américains, à la chinoise pour les Chinois, à la russe pour les Russes.

Pour la France, la situation se résumait vite : affichage, presse quotidienne et magazines, plus le Web. Ce dernier pour la pub mais aussi pour la vente. Surtout pour la vente. Donc, s'il avait bien compris le message de son interlocuteur, il pouvait mettre une croix sur les trois premiers et espérer que le troisième serait préservé. Et on réglerait les comptes après avec Publicis, de toute façon. Encore fallait-il que Fullsix, l'agence interactive, ne prenne pas le train en marche. Parce que, tout compte fait, ces *web agencies*, c'était de la vente d'espace avant toute chose. Donc de la pub. Tout cela était plus que fâcheux.

Aussi n'en revenait-il pas. Une furieuse envie d'en griller une, là, tout de suite, le démangea. L'idée de se jeter dans le canal de l'Ourcq l'effleura également. Mais, trop bien élevé pour transgresser l'interdiction de fumer dans ses propres bureaux, comme de se donner en spectacle sur la voie publique, il se repassait en boucle les conséquences désastreuses pour l'image du Club. La *french touch*, qui était quand même l'argument le plus abondamment cité dans la notoriété du Club Med, allait en prendre un sérieux coup. La France absente des *starting blocks* en pleine relance d'une campagne mondiale du Club Med, on n'avait jamais vu ça. L'équation était simple : s'il ne restait que le Web (et encore !) pour vendre aux clients hexagonaux alors qu'approchait l'hiver et que c'était la période où les images de soleil et de plage faisaient un tabac, comment les attirer vers son site Web ? Comment les éblouir et les faire bronzer rien qu'à contempler « tous les bonheurs du monde » en images si les destinations de rêve placardées sur la grisaille urbaine et sur les doubles « à fond perdu[1] » dans tous les hebdos se prenaient des vacances ?

À l'UDA[2], le vice-président, homme d'action, avait mis tout le monde sur le pont dès les premiers frémissements annonçant le conflit. Lui, d'habitude si emprunt de certitudes, ne savait que penser. Il était partagé entre l'idée qu'il ne s'agissait que d'un magistral coup de bluff et une sournoise angoisse lui laissant supposer que ces « inconscients » pouvaient effectivement mettre la pagaille. Cette angoisse n'était pas née par hasard. Ils savaient bien, lui et toute son équipe, que la situation était devenue extrêmement préoccupante. Les relations entre les annonceurs et leurs prestataires en communication

1. Publicité sur deux pages, sans bordure autour du visuel.
2. Union des annonceurs : organisation représentative des annonceurs en France regroupant plus de 300 entreprises, 3 200 correspondants réguliers dont la vocation est de représenter les intérêts des annonceurs auprès de leur environnement économique, social et politique.

s'étant dégradées de manière sournoise depuis plusieurs années. Dans les années 2000, le ton était à la dispute, chacun se renvoyait dos à dos, refusant de reconnaître que, pour réussir en communication, il fallait être deux : un bon annonceur et une pas trop mauvaise agence ! Mais aujourd'hui il en allait autrement, même si les uns et les autres, dans un contexte économique difficile, avaient fait des efforts.

L'UDA avait d'ailleurs été un acteur de cette dynamique, ce dont il se félicitait, mais hélas en profondeur les choses ne s'étaient pas arrangées. Les annonceurs reprochaient à leurs agences de ne pas être à la hauteur de leurs attentes et les agences répondaient qu'à force de mal rémunérer leurs prestations, il était normal qu'elles aient baissé le niveau des interlocuteurs faute de pouvoir recruter et payer les bons ! Le président d'un groupe de communication avait assez bien résumé la situation par ces mots quelque temps avant la crise : « Depuis quinze ans, plus personne n'a envie de faire ce métier puisque les annonceurs n'ont pas compris qu'il faut payer une industrie pour qu'elle se développe. Que les annonceurs qui se plaignent d'avoir des singes se posent les bonnes questions. Ils ont donné des cacahuètes. »

Un des principaux désaccords portait sur la rémunération de la valeur de l'idée. L'UDA refusait catégoriquement celle-ci et il n'avait pas l'intention de changer de point de vue. Ils voulaient faire les malins ? Eh bien, tant pis pour eux, la faim ferait sortir le loup du bois ! En attendant, il allait lui falloir expliquer au conseil d'administration, qui se réunissait en session extraordinaire dans quelques heures, quelle attitude adopter et, là, il ne savait pas trop comment il allait faire. Naturellement, il avait envie d'opter pour une position ferme et rigide, ce qui correspondait à la stratégie qu'il défendait depuis des années. Son organisation étant puissante et en position dominante.

Pourtant le doute était là, sournois. Et s'ils persistaient, qu'adviendrait-il de l'économie ? Malgré ses prises de position, il savait bien que la communication était un des moteurs de la croissance et que, quelquefois, ses adhérents allaient un peu loin, demandant beaucoup à cette profession et n'étant pas forcément, eux, toujours à la hauteur. Là encore lui revenait à l'esprit une conversation un peu houleuse, qu'il avait eue avec un des patrons d'agence, les plus écoutés et les plus en vue de la place : « La communication veut tout et rien dire à la fois. C'est le mot de l'alpha et de l'oméga. L'image ne dépend pas que de la communication ! Mais de l'homme qui a travaillé, réfléchi, résolu les problèmes, fait changer les choses, fondé des valeurs, bref, qui a fait son métier d'industriel et qui s'est fait accompagner par des professionnels de la communication pour le faire savoir. Le public reçoit alors des réponses satisfaisantes et c'est de là que naît l'image. Il y a une focalisation sur la communication, or ce n'est pas ce point central qui doit occuper les industriels de nos jours. Il faut qu'ils fassent bien leur métier ! Ils doivent savoir s'entourer des bonnes personnes pour se faire accompagner, avoir un bon pilotage et les payer au juste prix, pas au rabais, comme c'est devenu la norme. La communication accompagne, mais ce n'est pas “la queue qui remue le chien”. Alors, ne nous trompons pas de combat ! Que chacun fasse son travail, sinon les boucs émissaires poseront les armes. »

Cet entretien l'avait marqué car, finalement, il savait que son interlocuteur avait raison.

Chapitre 3

Brainstorming à l'Élysée

Très discrètement, un huissier vient déposer un jus d'orange sur le bureau et, après en avoir avalé une gorgée, Nicolas Sarkozy s'apprête à recevoir ses premiers collaborateurs qu'il sait présents aux imperceptibles bruissements filtrant au travers de la porte.

Depuis mai 2007, il ne leur a rien épargné de sa boulimie de travail ni de cette hyperactivité qui est la marque indiscutable de la nouvelle présidence. Le palais de « Lézard Ier[1] » est devenu, en l'espace d'à peine huit mois, une *war room*, un QG, un centre opérationnel, un Pentagone de la politique française, bref, un endroit où l'on s'agite beaucoup, travaille dur et sans répit au service des projets présidentiels. Pourtant, Nicolas Sarkozy est toujours impressionné par la réactivité de son cabinet. Bien que le jour ne soit pas encore levé, ils sont tous là, fidèles au poste, et, malgré la mauvaise nouvelle de l'aube, il prendra sur lui pour les saluer avec presque plus

1. Appellation irrespectueuse dont la « blogosphère » a affublé Jacques Chirac lors de l'inauguration du musée des Arts premiers, au quai Branly. L'auteur de l'expression n'est pas connu à ce jour.

de chaleur que d'habitude. Car il va avoir besoin d'eux, et très vite même, pour établir une stratégie de réponse afin de contrer le sale coup qui se prépare. Définitivement, il se sent proche de ces personnes qui partagent son quotidien et qu'il apprécie sincèrement.

Soudain, une idée lui traverse l'esprit. Et s'il les impliquait, au-delà des protocoles traditionnels, pour l'aider à trouver des embryons de solutions et décoder les rouages de ces professions que sont les métiers de la communication, qu'il sait complexes, chargés d'un passé lourd de frustrations et de rancœurs liées à une succession de législations pénalisantes, mais qui pèsent lourd dans l'économie ? Il constate soudain qu'il ne connaît pas grand-chose à ces métiers. Il a beau chercher au fond de sa mémoire, aucun souvenir sur un article de fond ou un « Que sais-je ? » expliquant comment ça marche. Étrange ! Pourquoi ? « Il faudra que je demande à Saussez. »

Ouvrant machinalement la porte de son bureau en suivant le fil de ses pensées, il va, chose exceptionnelle, leur demander individuellement de le rejoindre. Pas la peine d'apporter un siège, ces réunions impromptues sont à l'image du maître des lieux. Rapides, sans formalisme, concrètes sur le fond et directes dans l'expression. Les rares fauteuils qu'il propose sont donc vite pris. Comme lors des comités de rédaction quotidiens du journal *Le Monde*, une majorité des participants reste debout. Lui-même a pris une simple chaise, une jambe repliée à l'horizontale et qu'il tient par la cheville, une attitude dont il est coutumier. Nerveux et impatient comme il est, cela lui permet, au moins, de maîtriser deux membres sur quatre. Une fois réunis dans le salon de taille moyenne, il leur expose rapidement les faits et pose cette seule question, assez brutalement : « Est-ce que quelqu'un veut bien m'expliquer ce qui leur prend, dans la pub ? » Un lourd silence s'ensuit. Le ton et la formulation du « quelqu'un veut bien » sont sans équivoque. Nicolas Sarkozy vient d'apprendre par la bande ce qu'on n'a pas eu le courage, ou pire, la possibilité de lui communiquer, faute de détenir l'information.

Thierry Saussez, s'est fait excuser. Le chef d'équipe de la communication élyséenne est au charbon, activant ses réseaux et préparant en catastrophe les commentaires à réciter par les ministres à la sortie du conseil. Franck Louvrier, son conseiller en communication qui s'est glissé dans les derniers (un mauvais point pour lui, il le sent) la mine chiffonnée, et qui jusque-là regardait ses pieds, lève le menton. À l'arrivée du patron, il a vite perçu que celui-ci n'est pas content du tout et que le tutoiement de rigueur, en période « normale », serait malséant. Lui-même a été informé en début de nuit que cette rumeur d'une « bisbille » entre agences et annonceurs s'amplifiait dans le monde de la communication et que les relations s'étaient à ce point envenimées qu'elles allaient se concrétiser par quelque chose de complètement fou : une grève ! Pris en défaut, il cherche vite une solution pour répondre à la demande de Nicolas Sarkozy. Il sait que celui-ci préfère de loin une explication directe et sans fioriture à un dossier d'énarque trop bien tourné dont la marque de fabrique sera de gommer en d'interminables circonlocutions toute l'urgence et l'acuité du problème traité. Sous les lambris de l'Élysée, le « parler-vrai » si souvent évoqué par le candidat lors de sa campagne, est largement préféré aux rapports insipides :

— Monsieur le Président, la situation est effectivement inédite et on peut s'attendre à une réaction forte de l'opinion, sans aucun doute à notre détriment, car elle ne comprendra pas que le gouvernement se trouve pris au dépourvu (toujours commencer par le pire, Nicolas appréciait. Au moins, on ne se dorait pas la pilule et ça permettait d'embrayer rapidement vers des *brainstormings* informels où les pistes de solutions s'amorçaient tout naturellement). Le mouvement qu'on nous annonce, et qui devrait débuter en fait aujourd'hui, semble avoir pris corps au sein d'agences moyennes mais dont plusieurs sont des filiales de grands groupes. Comme elles sont pressurées par les maisons mères, elles se trouvent coincées entre le marteau et l'enclume pour produire du résultat d'un côté et contracter leurs coûts de l'autre. Le marché s'étant durci et la concurrence étant rude, elles se voient contraintes de vendre moins cher leurs conseils et leurs créations. Dans ce contexte...

— Attends, Franck, c'est quand même formidable, l'interrompt Nicolas Sarkozy, utilisant une de ses expressions favorites lorsqu'il argumente, au cours de ses interviews aux journalistes, pour prendre l'opinion publique à témoin du bon sens de ses décisions. Tu connais tout le monde dans la pub, des gens à qui j'ai fait totalement confiance depuis toujours, même à la mairie de Neuilly, pour me « driver » en com', et voilà qu'ils nous glissent une peau de banane sous les pieds sans préavis, sans même nous avoir prévenus. C'est quand même fort de café tu avoueras.

Puis, balayant tous les visages autour de lui :

— Bon, écoutez. Moi je veux savoir exactement ce qui se passe dans ce marigot pour que les crocodiles se mettent à se taper dessus sans se soucier de nous éclabousser. Pas la peine d'en discuter avec les patrons. Ceux-là sauront toujours nous emberlificoter avec des arguments très « macros ». Mais ce n'est pas ça qui nous fera comprendre comment ça se passe sur le terrain. Trouvez-moi ce matin une ou deux personnes qui travaillent en agence, des cadres ou ce que voulez, pour éclairer ma lanterne. C'est moi qui interviewerai, cette fois-ci. Franck, tu me les trouves, ou si quelqu'un à une idée, je suis preneur.

Mise en confiance par la proposition, Claire, l'une des secrétaires du *staff* présidentiel, propose sa nièce, Estelle, qui, après des études de philosophie et de sociologie, a fait une école de communication où les hasards des stages l'avaient amenée à rejoindre un institut d'études spécialisé dans l'observation et l'analyse des évolutions du marché de la communication. Elles avaient dîné ensemble quelques jours auparavant et la jeune femme, qui était passionnée par ce qu'elle observait, l'évolution, les enjeux, mais également le malaise de cette profession, lui avait dit être très inquiète sur l'issue de relations conflictuelles entre les grands acteurs. Claire avait en tout cas retenu que l'aberration de modèles économiques risquait de mener à la faillite beaucoup d'entreprises, des agences en l'occurrence, que leurs clients, à force de rogner sur leurs rémunérations, avaient rendues exsangues.

— Faites-la venir ! Mais en attendant, qui peut m'en dire plus ?

Un silence un peu lourd s'installe. Il n'était pas dans la coutume de se retrouver ainsi réunis et que le patron demandât leur avis à l'ensemble de ses collaborateurs. Généralement il le faisait de manière individuelle, mais surtout appelait ses multiples conseillers ou amis, puis consultait la synthèse des dossiers qui avaient été rédigée par des experts du domaine concerné. Aujourd'hui les choses étaient différentes, l'attaque était tellement soudaine !

— Vous, Aurélien, dit-il en pointant du doigt un jeune homme qui venait de rejoindre l'équipe de Frank Louvrier, vous en pensez quoi ? C'est votre monde et si ma mémoire est exacte, vous avez fait un master en communication. Alors, racontez-moi et ne prenez pas de gants.

Aucun hasard s'il a désigné ce grand escogriffe à la crinière noire de jais un peu ébouriffée. Il se souvient l'avoir croisé à plusieurs reprises à son QG de campagne, rue d'Enghien. Il était arrivé quelques semaines plus tôt au service de presse de la présidence, sans doute recruté par Franck ou par François de La Brosse, un des conseillers pour les médias pendant la campagne et créateur d'une agence, chez qui cet Aurélien avait passé plusieurs mois de stage. Celui-ci se promenait toujours un volume de Victor Hugo à la main et, dès qu'il avait cinq minutes de répit, l'ouvrait pour lire ou relire un passage. Le Président, qui, lui, n'avait plus trop le temps de lire, l'avait remarqué et l'avait questionné quelques jours plus tôt. Le jeune homme, bravant sa timidité lui avait expliqué qu'avant d'entrer à Sciences-Po, il avait suivi des études de lettres et s'était passionné pour le grand homme, sans pour autant se décider à se lancer dans l'enseignement ou envisager, du moins pour le moment, une thèse :

— Premier point, monsieur le Président, la communication est un pan important de l'économie ; elle pèse 1 500 milliards de dollars sur le plan mondial et presque 33 milliards d'euros en France. Deuxièmement, les mutations au cours des dernières années ont été fulgurantes. Au même titre, me direz-vous, que celles de notre société et de l'industrie, avec toutefois une différence notoire liée à une perte de revenu assez considérable des entreprises de conseil qui œuvrent dans ce secteur. Mais également à une complexification croissante des techniques et de leur imbrication. Hier, les choses étaient assez simples. Pour agir sur l'attitude, on utilisait les cinq grands médias que sont la télévision, l'affichage, la presse, la radio et le cinéma. Pour agir sur le comportement et faire acheter, on faisait appel à des techniques plus directes : la promotion, la distribution de prospectus, des coupons de réduction. Mais je ne suis pas là pour vous dérouler ce que j'ai appris en cours, d'autant que je ne suis pas un spécialiste. L'arrivée des médias interactifs, découlant d'Internet, a bouleversé le paysage et la profession est passée d'une logique dirons-nous cartésienne, à une logique systémique, où tout est interconnecté. Troisième élément, sur le plan historique, la publicité a toujours dominé le marché, mais, depuis quelques années, les autres métiers de la communication se sont imposés, entre autres ceux que l'on appelle les *marketing services*, issus de la promotion, du marketing direct et de tout ce qui concerne les systèmes de fidélisation. Ajoutez à cela une montée en puissance très importante des agences média, autrefois appelées « centrales d'achat d'espaces » qui, de *brokers*, de négociateurs, sont devenus de véritables conseils en stratégies média et ont pris un réel ascendant sur la profession. Rajoutons également l'explosion des agences Internet qui contribue à brouiller les cartes. Dans ce contexte, les grandes agences de publicité ont perdu du pouvoir, chacun voulant s'attribuer la légitimité de conseil auprès des annonceurs. *Last but not least*, depuis la promulgation en 1993 de la loi Sapin relative à la prévention de la corruption et à la transparence de la vie économique, plane sur la profession un doute que nous pourrions appeler le péché originel, doute qui a terriblement durci les relations entre les annonceurs et leurs agences. La conséquence induite est une baisse des revenus considérable pour ces dernières. Parallèlement, comme dans tous les secteurs, de fortes concentrations ont vu le jour : cinq grands groupes contrôlent aujourd'hui 70 % du marché mondial de la communication, tous métiers confondus. Pour conclure sur ce qui arrive aujourd'hui, je dirais

> que si le volume des investissements en communication des entreprises en France n'a pas décru au cours des dernières années, le marché étant devenu mature, il apparaît clairement que la profession n'a pas réussi à imposer un nouveau modèle lui permettant d'assurer un maintien de marges suffisant pour fournir un niveau de prestation correspondant aux attentes des annonceurs, qui, dans ce contexte, ont profité de la situation. Par ailleurs, aucune action de fond n'a été menée sur le plan législatif pour défendre ses intérêts, le législateur ayant toujours légiféré « contre » les métiers de la communication depuis la loi Sapin. La tension est montée progressivement, les tentatives de dialogue et de reconstruction initiées par les différents syndicats professionnels des deux côtés ayant été vaines. Depuis quelques semaines, les esprits se sont échauffés, personnes n'a vu la gravité d'un éventuel conflit ni cru qu'il était réaliste. Or les professionnels ont visiblement décidé de frapper fort, de manière subite, en bloquant le système.

Nicolas Sarkozy est bluffé. C'est évident ! Ce jeune homme a tout compris. Sa réponse est tout sauf improvisée. C'est-à-dire qu'il a tout organisé. Comme l'Élysée est le royaume de la note, il a dû se préparer à en pondre une « au cas où » et il a donc rapidement potassé le problème pour préparer sa copie. Pour lui, c'est bingo ! En fait de note qui aurait été récupérée par un autre et dont lui, l'auteur, serait resté anonyme, l'occasion est inespérée : un exposé devant le Président lui-même et tout son *staff* réuni.

La mimique de Nicolas Sarkozy, qui secoue la tête d'un air hilare en regardant alternativement les « communicants » de son équipe comme pour les prendre à témoin de la qualité de la prestation, atteste de sa satisfaction d'avoir demandé à Aurélien de s'exprimer. « Ce petit ira loin, pense-t-il, son propos est clair, structuré, digne de la formation qu'il a reçue à Sciences-Po. »

Dans la foulée de l'invitation lancée par le Président à la nièce de Claire, et encouragé par l'accueil de Nicolas Sarkozy à son exposé, Aurélien se permet alors d'évoquer une de ses amies, Juliette, discrète et intelligente qui, après un troisième cycle en marketing, est partie en Asie travailler dans une agence chargée de l'achat média. Elle est à Paris pour quelques jours et il lui semble que sa vision pourrait être intéressante. Le Président demande aussitôt à Aurélien de l'appeler et d'organiser un deuxième ramassage par une voiture de l'Élysée. Il est enchanté. Ces jeunes gens vont certainement lui en apprendre encore davantage.

Chapitre 4

La pub : combien de divisions ?

Confortablement installée dans la 607 gris anthracite qui vient de la prendre en bas de chez elle, Juliette prend conscience du désastre. Elle sait trop l'importance de la publicité et de la communication en général dans la vie économique. Pour son premier retour d'Asie après un peu plus de six mois en agence à Shanghai, elle analyse le monde de la pub française avec un prisme désormais international. Jamais elle ne les en aurait crû capables. Ils se mettent en grève ! Encore une exception à la française ! Comment un problème purement sectoriel n'a-t-il pu se résoudre simplement ? Visiblement on a fait l'autruche. Une fois de plus les politiques se sont retrouvés en décalage avec la « vie », par manque d'écoute et d'implication et les entreprises n'ont pas su dialoguer. Maintenant, c'est devenu une affaire d'État. La preuve ? Ça atteint directement les hautes sphères du pouvoir. Le président de la République lui-même demande à en savoir davantage. Dans l'heure même. Et c'est elle, Juliette, qu'un copain de Sciences-Po vient de réveiller en catastrophe, qui va éclairer sa lanterne et lui parler du malaise de la profession. Quel décalage mon Dieu ! Il faudrait affréter des charters et envoyer tout ce petit monde voir comment ça se passe en Asie ou ailleurs. « Ont-ils seulement l'ombre d'une idée du fonctionnement de ces sociétés asiatiques, de leur puissance de travail et surtout de leur envie de nous démontrer leurs énormes potentiels et capacités ? »

Un point l'intrigue. Comment tous les présidents des grandes entreprises françaises, qui eux conduisent en temps réel les mutations nécessaires au pilotage de leurs boîtes, ont-ils pu laisser ainsi la situation se dégrader dans leur propre pays ? Elle sait que leurs préoccupations sont mondiales, qu'ils ont parfaitement organisé leurs groupes pour y répondre, que le métissage des compétences y a nourri et enrichi la culture. Alors pourquoi ? Certes la pression des analystes financiers, la crainte des dérapages suite aux interviews tendancieuses des journalistes économiques, les ont poussés à concentrer leurs efforts sur la communication institutionnelle, les relations presse, l'interne, afin d'expliquer leurs projets. Et ils ont indéniablement délégué plus que de raison ce qu'ils appellent la « communication technique » – la publicité et tous les autres métiers – auxquels, à de rares exceptions près, ils ne s'intéressent pas, bien que conscients de l'importance de tous ces « outils » qui, au final, font vendre et donnent accès au profit. Mais quand même ! Lui revient à la mémoire la citation d'un président du CAC 40 lors d'un colloque auquel elle a assisté à Beijing : « La base de l'économie n'est pas la production mais la vente. L'innovation est une production qui est devenue vente, et une invention sans vente, ça meurt. » Elle se souvient qu'un de ses profs à Sciences-Po, assez féru sur la question, leur avait dit trois ans auparavant : « Les grands patrons sont trop distants du cœur des stratégies de communication de leurs entreprises, avec la fragmentation des médias et la complexification des systèmes, ils vont devoir oser se saisir de sujets nouveaux, même s'ils ne les maîtrisent pas, ce qu'ils détestent. »

En sortant de chez elle, elle avait entraperçu la couverture de *Libération* qu'un marchand de journaux, qui ouvrait son kiosque, était en train d'afficher : « Le *bug* de la pub ». Sans même attendre sa monnaie, elle lui avait quasiment arraché un exemplaire qu'elle feuilletait à présent fébrilement. C'était fou. Le quotidien annonçait rien moins qu'une grève totale et illimitée de l'ensemble des professions de la publicité en France, qui se traduisait le jour même par la disparition dans ses propres pages de près de la moitié des annonces payées, au moins pour celles dont les ordres avaient pu être annulés avant le démarrage des rotatives. La suspension serait totale à partir du lendemain. Laurent Joffrin, dans un édito intitulé « Grosse déprime », annonçait effectivement des lendemains qui ne chanteraient pas pour le journal. Il en comptait d'ailleurs très exactement une dizaine, et guère plus, avant de passer au format bihebdomadaire faute de réactivation des ordres d'insertions. Et ça ne serait, prévenait-on, qu'un pis-aller au cas où les choses ne s'amélioreraient pas, parce que vu la faiblesse des abonnements, le coût du papier, les salaires de la rédaction, les frais d'impression, la diffusion, etc., *Libération* se verrait contraint de se contenter d'un feuillet unique imprimé sur papier recyclé. Pas vraiment réjouissant.

À peu près au même moment, Estelle qui a du mal à émerger après le réveil brutal qu'elle vient de subir, se remémore, complètement éberluée, le coup de fil impératif de sa tante Claire, secrétaire au cabinet du Président à l'Élysée. Elle a d'abord cru, vu l'heure, à une mauvaise farce, mais ce n'est pas le style de tante Claire et aucun de ses amis ne la connait au point de pouvoir l'imiter. Celle-ci l'informait qu'une voiture de la présidence serait en bas de chez elle dans un quart d'heure, qu'il convenait qu'elle soit prête et surtout bien réveillée. Quelques mots sur le contexte avaient suffi à lui faire comprendre le pourquoi de l'urgence de la convocation. Définitivement, la « tatie » resterait toujours la même, impérieuse et délicieuse à la fois. Sa vocation avait été le service public et toutes ces années passées dans l'ombre de l'homme Sarkozy et dans les coulisses du pouvoir avaient façonné un personnage tout en paradoxes qu'Estelle appréciait, mais dont le ton ne laissait place à aucune alternative. Tout compte fait, elle n'était qu'à moitié surprise. Depuis deux jours, elle avait compris, à la fièvre qui s'était emparée du *staff* du cabinet d'études qu'elle avait rejoint quelques mois auparavant, qu'un « coup » assez fumant se préparait. Mais elle aurait été à cent lieues d'imaginer cette ampleur.

Le discret chauffeur aux cheveux courts (un militaire des services spéciaux, pense-t-elle naïvement) a allumé la radio à sa demande. Il a dû parcourir la bande passante plusieurs fois de suite pour qu'ils en aient tous deux le cœur net. Pratiquement toutes les radios se retrouvent « formatées » façon France Culture ou Radio Notre Dame : musique et parlotte, point final. Aucune pub. Tout simplement incroyable ! Tous les commentaires, en revanche, traitent du fait du jour, avec une précaution évidente qui trahit à la fois l'étonnement et surtout l'angoisse de ceux qui s'expriment. Aux premières loges pour prendre de plein fouet les effets immédiats de cette grève, les radios n'ont pas besoin d'en rajouter pour faire comprendre que ça ne va pas être triste.

Ils purent cependant entendre Jean-Pierre Elkabbach, intervenant pour une interview téléphonique exceptionnelle en direct sur Europe 1, questionner insidieusement Maurice Lévy, le représentant aussi sérieux qu'emblématique du premier groupe français de communication sur la légitimité d'une telle grève et sur ses conséquences économiques. Le président de Publicis ne se laissa pas démonter :

— Je vous rappelle que la culture de la grève est quand même bien ancrée dans notre inconscient collectif. C'est presque une institution nationale. Et comme par hasard, ce sont le plus souvent les services publics qui sont en première ligne ! La SNCF, l'Éducation nationale, la RATP, les ferries corses et j'en oublie. Et les pouvoirs publics, surtout s'il s'agit de protagonistes issus des services du même nom, finissent toujours par lâcher la manne exigée, quitte à laisser les usagers s'enfoncer encore un peu plus dans la déprime. Alors, si c'est un droit inscrit dans la Constitution, qu'il n'est l'apanage de personne, et surtout pas un monopole réservé aux dits services publics, pourquoi pas une grève de la pub ? On verra bien si, dans ce domaine, les Français se contentent du service minimum !

Et Maurice Lévy enfonça le clou, cette fois avec plus de véhémence :

— La vocation de la publicité, c'est d'être au service des services, de la grande distribution, des loisirs, des entreprises, et de bien d'autres activités. C'est-à-dire en fait de toute l'économie. C'est même le premier de tous les services, dès lors qu'elle s'adresse à tous les publics.

Jean-Pierre Elkabbach l'interrompit :

— Maurice Lévy, vous vous souvenez peut-être comment Staline se moquait du pouvoir temporel du pape. « Le Vatican, c'est combien de divisions ? » Dites-moi, la pub, en France, combien de divisions ?
— C'est un secteur de l'économie à part entière. Et qui plus est un formidable réservoir d'innovation et de créativité,

qui fait appel à des dizaines de métiers : 65 000 entreprises, agences, sociétés de ventes d'espaces, sociétés de médias, prestataires de services ; près de 400 000 emplois directs et indirects, Jean-Pierre Elkabbach !

— Pourtant, les « anti-pub » n'ont pas chômé, ces derniers temps. Je me souviens qu'il y a quelques mois, j'en avais parlé sur cette antenne, un « collectif des déboulonneurs » était allé barbouiller des affiches en plein Paris, et il y avait du monde autour d'eux pour les applaudir. Il n'a été condamné qu'à une amende d'un euro symbolique par la cour d'appel de Paris. Ils doivent quand même avoir quelques bonnes raisons.

— Attendez, Jean-Pierre Elkabbach, soyons sérieux ! Est-ce que vous imaginez simplement la couleur de nos villes sans la pub ? J'irai même plus loin. Supprimer la pub, comme le veulent certains, c'est revenir au manteau gris des démocraties populaires où ne s'affichait que la propagande. Pire encore, c'est donner raison à toutes sortes d'utopies intégristes, des religieuses comme des politiques, qui veulent tout simplement nier la beauté du corps, les plaisirs de la vie, la gaieté des villes et même celle des couloirs du métro ! Tous ces anti-pub sont de vrais talibans. C'est exactement cela ! Des talibans ! S'ils pouvaient détruire nos affiches et nos spots à coups de mortiers, comme les bouddhas d'Afghanistan, il y a dix ans, ils n'hésiteraient pas ! Croyez-moi, la crise couve depuis suffisamment longtemps pour qu'on veuille enfin ouvrir les yeux. Mais vous faites bien de poser la question : c'est effectivement autant un débat de société qu'un débat économique. Aujourd'hui, en France, les modèles économiques des entreprises de la communication ne sont plus viables. Chaque jour on nous demande de faire plus avec moins, c'est simplement impossible. Si nos groupes n'étaient pas internationaux, si nous n'avions pas investi dans la diversification, notamment dans Internet, mais aussi en nous installant dans les pays à forte croissance en accompagnement de nos grands clients mondiaux, nous ne pourrions subsister. On ne peut pas acheter les prestations intellectuelles comme on achète des matières premières, il n'y a pas de places de marché pour l'intelligence !

Enfin, Maurice Lévy mentionna l'autisme coupable des pouvoirs publics qui intervenaient toujours « contre » et jamais « pour » la publicité. Comme s'il s'agissait d'une activité honteuse qu'il fallait encadrer sans faiblir :

« Regardez comme l'action de l'État est perverse a maints égards. Toutes ses lois successives, la loi Royer, la loi Évin, la loi Sapin, la loi Raffarin n'ont servi qu'à nous ligoter sans répit. Prenez la loi Raffarin : sous le prétexte de limiter l'intrusion des grands *discounters* allemands, elle a bridé stupidement le développement du commerce. Résultat, elle a conforté la position monopolistique des grands distributeurs français et limité d'autant l'apport de nouveaux budgets publicitaires qui auraient dynamisé la concurrence, ce dont les consommateurs auraient été les premiers bénéficiaires ! Je vous rappelle à cet égard qu'il a quand même fallu attendre le 1er janvier 2007 pour voir les premiers spots publicitaires de la grande distribution sur nos écrans de télévision. C'est un comble, alors que le concept même de l'hypermarché a été inventé en France, c'était même un Carrefour, en 1963 ! Dans tous ces exemples, vous voyez bien que la publicité est là pour promouvoir une concurrence saine accompagner le développement économique. Et que fait-on ? On bride, on légifère, on contrôle, on rabiote, et d'expérience, cela se fait rarement dans l'intérêt du consommateur. Mais revenons à la publicité. Vous savez, ajouta-t-il, c'est une question de mentalité. Selon la manière dont on agit et dont on parle, le résultat n'est pas le même. L'État dira : "Fumer, c'est dangereux !" Le publicitaire dira : "Arrêter de fumer, c'est facile !" Qu'est-ce que vous choisissez ? Ne croyez-vous pas qu'il faille mieux actionner une motivation positive qu'appuyer sur le frein comme un malade ? Je ne m'étendrai pas sur les lois récemment promulguées pour l'encadrement de la publicité, des produits alimentaires, ni sur ce qui va se passer avec la suppression de la publicité sur France Télévisions, car sans vouloir être devin, c'est grandeur nature que nous allons découvrir ce que ça donne la vie sans la publicité. »

Sur ce, concluant l'interview, il signala incidemment qu'il s'envolait dans l'heure suivante pour la Chine, où son réseau d'agences locales négociait des plans médias avec quelque 5 000 journaux, 4 000 magazines et un nombre « non mesurable » de radios[1].

« Vous savez, Jean-Pierre Elkabbach, la propension bien française à se trouver des boucs émissaires en dehors de chez elle est bien facile. Les Chinois ne nous attendent pas et les délocalisations ne comptent que pour 5 % des pertes d'emplois. Alors, cessons de considérer la publicité comme un mal nécessaire et de croire qu'elle ne sert à rien sinon à enrichir une profession. Le véritable patriotisme économique serait au contraire de la considérer comme une arme de contre-offensive face à la pression économique étrangère ! »

Jean-Pierre Elkabbach en resta coi. Lui, d'habitude si prolixe en questions et excellant à pousser ses interlocuteurs dans leurs retranchements, comprit à cet instant qu'il vivait en direct un raz-de-marée aussi inédit qu'imprévisible, qui allait secouer la planète médiatique toutes institutions confondues,

1. Conférence de Maurice Lévy au CPA, 19 janvier 2005.

d'une manière qu'il envisageait avec effroi, en vieux routier du secteur qu'il était.

Rien n'y fit. Sitôt Maurice Lévy disparu, la prophétie annoncée se déroula comme prévu : pas un seul spot ne vint égayer le restant du trajet. D'émotion, les animateurs en avaient perdu leur voix. *Exit* la pub, ses sketchs, ses jingles, ses trémolos bien typés pour les « forfaits fixes illimités hors numéros spéciaux avec l'Internet à deux mégas », ses émotions non feintes pour les crédits « tout, tout de suite, pour faire plaisir à vos envies », ou ses irrésistibles appels à tester sans délai « une onctuosité si légère au goût si subtil, qu'ils pardonneront votre gourmandise ». Non, rigoureusement rien. Des explications emberlificotées ou pire encore, de la musique et rien d'autre. Incroyable !

« Toute leur grille doit être bouleversée. Et sans solution de rechange, pense Estelle. La cata... » La jeune femme est à présent complètement tassée dans le fond de son siège. Elle prend peu à peu conscience des dégâts. Mais comment va-t-elle intervenir devant le Président ? Que va-t-il lui demander ? Et s'il lui pose des questions techniques, saura-t-elle lui répondre ? Elle regrette vivement de ne pas avoir pris le temps d'avaler son café avant de partir pour se donner un peu de tonus, ni d'avoir réussi à joindre l'un de ses patrons pour recueillir leurs conseils. Elle ne se sent pas vraiment intimidée, mais très perplexe. Pourquoi elle ?

Certes, elle s'est passionnée pour l'observation et l'analyse de cette profession depuis qu'elle travaille dans cette société d'études spécialisée sur le secteur. Et lors d'un récent dîner avec tante Claire, elle se souvient s'être emballée sur le sujet, impressionnant celle-ci en l'entraînant dans la découverte d'un monde dont elle ne connaissait, ni n'imaginait l'importance comme moteur de la croissance et de la valeur des entreprises.

Avec recul, Estelle réalise que l'écoute inhabituelle de sa tante et le fait qu'elle ne lui ait pas coupé systématiquement la parole étaient la preuve qu'elle avait compris et expliquaient très certainement la raison du moment incroyable qu'elle vivait.

Plongée dans ses réflexions, elle ne voit pas que la voiture vient de longer le bout du parc, sur l'avenue Gabriel, enfile l'avenue Marigny et, après quelques secondes de répit, s'engage dans la cour mythique bordée d'orangers plantés dans leurs bacs et s'arrête devant le perron. Un huissier en queue-de-pie avec chaîne et gilet rouge lui ouvre déjà la portière.

Chapitre 5

Drôles de réveils

La France qui se lève tôt commence à émerger. Nathalie, matinale par nécessité – il faut bien mettre les machines en route et ranger le bazar que fille et mari ne manquent jamais de laisser – rentrant dans sa salle de bain branche comme chaque matin la radio, s'introduit rapidement dans la douche et sent avec bonheur l'eau bouillante la détendre et finir de la réveiller. Femme d'action, la phase toilette se passe de manière efficace et structurée comme le reste de sa vie. Pas de fioritures, de l'efficacité. Son esprit vagabonde et le bruit de l'eau aidant elle n'a pas prêté attention aux infos. Les infos, mais au fait, quelles infos ? Seule une musique d'ascenseur s'échappe de l'appareil. Agacée, elle cherche une fréquence en fustigeant le service public visiblement une nouvelle fois en quête de revendications et passe sur Europe 1 où elle entend la fin de l'interview de Maurice Lévy. C'est alors qu'elle comprend !

« Putain ! Ils ont osé. » Parfois, lors de situations inédites ou désagréables, les restes d'une enfance marseillaise, pourtant dans la bonne société, ressortent. Évidemment, elle qui dirige l'institut d'études où travaille Estelle ne peut ignorer l'étendue du conflit opposant ses clients et si, depuis quelques semaines, la tension est dangereusement montée, jamais elle n'aurait imaginé que cela aboutisse, les intérêts individuels primant sur le collectif. Sortant précipitamment de sa salle de bain, elle descend pour récupérer son BlackBerry et constate « 24 appels en absence ». Elle s'en veut presque de cette habitude prise, couper la sonnerie dès qu'elle franchit la grille de son jardin. La voix de « Miss SFR » l'agaçe profondément en général, mais là elle lui paraît insupportable. Le premier message émane de son associé, éternel insomniaque, qui laconiquement après un « Bonjour ! » ne s'étend pas au-delà d'un « Voilà, c'est fait, tu vois, nos pronostics n'étaient pas erronés, bon rappelle moi si tu en as envie. » Suit Estelle, trois fois, mais sans message, puis David, mentor de bon nombre de patrons d'agences et l'homme le mieux informé du microcosme : « Nat' trésor, rappelle-moi dès que tu as ce message, je viens d'avoir Vincent (comprenez Bolloré), il va falloir que tu le vois. Quel merdier… c'est génial ! » D'abord, elle déteste qu'on l'appelle « trésor » et ensuite, génial, c'est vite dit. Quand va-t-on intégrer qu'on parle d'une industrie et pas de la pub, la com' comme s'il s'agissait d'un monde à part, que des milliers d'emplois sont en jeu et qu'effectivement si merdier il y a, il va falloir des mois, voire des années pour s'en remettre. Elle passe rapidement sur les autres messages émanant de ses collaborateurs et de deux journalistes. Le dernier provient encore d'Estelle, la voix terriblement angoissée : « Nathalie, j'arrive à l'Élysée, j'ai été appelée par ma tante Claire, le Président veut qu'on lui explique, j'aurais voulu votre avis. » Wouahhh… alors là, les choses vont peut-être bouger ou se bloquer, heureusement que son entreprise s'est diversifiée et n'est pas sous le joug de cette profession. En remontant dans la salle de bain pour finir de se brosser les cheveux, elle coupe rageusement la radio, la soupe diffusée l'incommode. Si ça doit durer, il faudra que je passe chercher un nouveau support d'iPod pour la salle de bain.

À Marseille, Frédéric a été réveillé à l'aube par la sonnerie peu civilisée de son poste fixe. Le cœur battant un peu la chamade – plus personne n'appelle par ce canal, à cette heure-là, sauf pour les mauvaises nouvelles – il s'est rapidement entretenu avec sir Martin Sorell, président du premier groupe de communication mondial, qui, ne parvenant pas à obtenir de réponse après six tentatives sur son cellulaire a décidé de laisser sa bonne éducation au placard, quitte à réveiller la maisonnée.

Complètement interloqué par ce qu'il vient d'apprendre, Fred se demande s'il ne rêve pas éveillé. Mais comment est-ce possible ? Il descend dans son bureau et appelle simultanément Richard et Didier, respectivement président et directeur financier du groupe HighCo. Il faut dire que ces trois-là ont vécu une *success story* formidable, en créant, développant puis faisant coter au second marché une très belle affaire couvrant beaucoup de métiers liés à l'activation marketing. Leur force est d'avoir toujours investi dans l'innovation, créant ainsi une entreprise dont la coloration stratégique et technique avait amené WPP – donc sir Martin Sorell – à acquérir une partie du capital quelques années plus tôt.

Fred avait laissé depuis déjà plusieurs années les rênes de l'entreprise à Richard, afin de se consacrer à des projets personnels, mais les liens qu'il avait tissés avec sir Martin expliquaient cet appel matinal.

La « pieuvre[1] » qui trône sur sa table de travail prend ce matin une connotation angoissante. Elle s'avère matérialiser une

1. Appareil permettant de mener des « audioconférences » ou conférences téléphoniques avec plusieurs interlocuteurs.

drôle de chose incongrue, imposante, sortie d'on ne sait où, capable de détruire de ses tentacules tout un système, à l'image de ce qu'il vient d'apprendre. Deux « Allo ! » endormis sortent du haut-parleur à deux secondes d'intervalle.

— T'as pété un câble pour appeler à cette heure-là ! lançe Didier.

— C'est grave ? demande Richard.

— Grave oui, mais rien de perso et non je ne suis pas dingue, rassurez-vous, quoique, avec ce que je viens d'entendre, je me demande... Sorell m'a sorti du lit il y a un quart d'heure. Vous savez que ses services d'info valent ceux de la CIA et il vient de m'expliquer que des *hackers* sont rentrés dans presque tous les fichiers source des bases de données clients de ses grands clients et visiblement aussi chez HighCo, que ça va être une merde, mais une merde que nous ne pouvons imaginer.

— Hé Fred, t'es pourtant pas un adepte de la dope, lança Didier.

— C'est de l'intox, dit Richard. Ok, la profession a décidé de lancer un coup de semonce à l'attention des annonceurs en se mettant en grève, mais faut pas pousser, personne n'est suicidaire au point de mener des actions qui à court terme mèneraient au chaos !

— Je suis moins sûr que toi, renchérit Fred. Martin m'a dit clairement que des mecs en poste dans des agences Web ont voulu jouer les apprentis sorciers et se sont transformés en *hackers* fous ! Je sais que je n'ai plus de rôle opérationnel dans le groupe, mais à votre place je vérifierais immédiatement ce qu'il en est. Pour ma part, je pars en quête d'infos.

Pierre a mis les nouvelles de 7 heures sur Europe 1, plus pour le fond sonore qui accompagne sa séquence douche, rasage, pompes, que par intérêt véritable pour la conjoncture internationale ou les chiens écrasés. Il n'entend donc pas vraiment Maurice Lévy, le P-DG de Publicis, confirmer que l'ensemble de la profession publicitaire en France met « l'arme au pied jusqu'à ce qu'on finisse par s'entendre ».

Un bon moment après avoir allumé sa mini-chaîne, il s'énerve contre Europe 1. C'était quoi cette musique *soap*, depuis plus de dix minutes ? Il tripote nerveusement le *tuner*. Ça ne ressemble à rien, ce matin ! Ou plutôt si. À un programme minimum. Comme ceux qu'on vous balance parfois sur Radio France « en raison de l'arrêt de travail de certaines catégories de personnel ». Il passe sur RTL, puis sur France Info (mais là, c'était normal) et sur quelques autres fréquences : de la musique et rien d'autre ! « C'est dingue ! D'habitude, au moins, ils passent des pubs ! » Il ne comprend pas. Il éteint rageusement le poste, prend son petit déjeuner en grommelant et file au bureau, pas content du tout qu'on lui ait sucré sans préavis son ambiance matinale habituelle.

Cette menace de grève qui déboule sans coup férir, tout le monde en avait entendu parler, sans trop y prêter attention. D'habitude, une grève, ça s'annonçe dans les formes. Les syndicats s'indignent des promesses non tenues, crient au ras-le-bol des travailleurs, rappellent l'impatience des gens et réclament plus de moyens. Jean-Claude Mailly secoue sa crinière aussi argentée que fournie et qui passe plutôt bien à la télévision, tandis que le tremblement du collier de barbe de François Chérèque traduit son impatience à ouvrir une « négociation constructive dans les plus brefs délais ». Le Premier ministre, quant à lui, vient froncer ses sourcils et temporiser sur le perron de Matignon.

Ici, rien de tout cela. Le rituel n'y est pas. Et près de soixante millions de Français sont pris au dépourvu. Cela a commencé de manière aussi insidieuse que brutale, sans qu'on comprenne réellement ce qui se passait, ni qu'on prenne totalement conscience des effets. Le pays était sidéré. Pas vraiment perturbé. Pas encore.

La pub était quelque chose de trop banal, trop présent dans la vie quotidienne, un peu comme l'électricité ou les transports publics, pour que sa grève inédite ne laissât pas les gens quelque peu atterrés. Seulement voilà, la pub en grève, on n'y avait tout simplement jamais pensé. Ça ne s'était encore jamais vu. D'abord, on n'y comprenait pas grand-chose. Certes, il y avait eu quelques avertissements de gens qu'on savait plus ou moins impliqués dans la profession et qui s'étaient fendus de grandes déclarations emphatiques dans les médias.

Le projet de réforme de France Télévisions et de privatisation de La Poste – grand ordonnateur de la diffusion de mailings[1] divers et variés – avait quelque peu agité les syndicats, mais pas de quoi bouleverser les immuables grands-messes du 20 heures et de leurs non moins immuables officiants. Maurice Lévy, Jacques Séguéla, Vincent Bolloré (qui était entré depuis peu dans le métier avec sa vision d'industriel) étaient bien des noms plutôt connus du grand public, mais leurs interventions n'avaient guère ému. Même la très visible inquiétude de Mme la secrétaire d'État auprès de la ministre de l'Économie, des Finances et de l'Emploi, chargée de la Consommation et du Tourisme, appelant à une concertation entre annonceurs et agences, un soir que Laurence Ferrari la titillait sur la rumeur qui s'amplifiait, n'avait pas réussi à électriser les commentateurs.

On ne savait même pas à qui l'on avait affaire et, à part quelques journalistes spécialisés, on ne comprenait pas ce qu'« ils » voulaient. À l'instar d'un Nicolas Sarkozy désorienté, le monde

1. Le mailing est du publipostage.

de la publicité était somme toute mal connu et l'on manquait de repères. Personne n'avait rien à faire de ce qui était devenu une simple facette de la vie quotidienne, hormis les professionnels. Mais aujourd'hui, on se réveillait un peu perdu. Et comme personne n'y était vraiment préparé, la première grève au monde de la publicité, en cette douce France un peu morose de l'an 2008, fut comme un véritable cataclysme.

Ce pays, en mal de reconnaissance intellectuelle, politique ou artistique depuis quelques années déjà, étonna soudainement le monde entier en produisant la créa du siècle, celle que jamais aucun annonceur ou aucune agence n'aurait osé imaginer, ni qu'aucun média n'aurait même rêvé dans ses pires cauchemars : un *blackout* de la pub qui dura près de six semaines !

Chapitre 6

« Un signal fort de quelques jours »

Dans quelques heures, les rouages de la belle mécanique que personne ne savait plus contrôler allaient tous commencer à gripper les uns après les autres : le grand *collapse* de la publicité pouvait commencer.

Au cœur du dispositif de la pub, l'achat d'espaces, comparable à une gigantesque salle de marché, mais aussi centre de *dispatching* pour l'ensemble des éléments permettant à tout un chacun de voir et d'entendre la publicité. C'est là, depuis quelques années, qu'avait migré l'argent, après qu'il eut déserté les agences de publicité.

Dans les années 1980, les frères Gross avaient eu l'idée de créer un nouveau métier celui – pour parler la langue d'aujourd'hui – de *trader* (entendez grossiste) en achat d'espaces. Le principe était simple, ils invitaient les annonceurs à passer par eux pour bénéficier de remises substantielles dues aux volumes achetés. Seule ombre au tableau, l'ensemble des médias, radio, télévision, presse, qui acceptèrent ce nouveau système qui leur permettait d'augmenter leurs taux de remplissages, acceptèrent également des pratiques peu avouables de « marges arrière » que se partageaient centrales et agences, sans que l'entreprise mandataire en voie l'ombre d'un bénéfice.

La loi Sapin, « loi anti-corruption », mit fin à ces pratiques le 29 janvier 1993. Mais les centrales d'achat d'espaces que tous les grands groupes de communication avaient créées pour répondre à l'offensive des frères Gross restèrent maîtresses du jeu. Pour démontrer de manière très intelligente leur valeur ajoutée, elles avaient su, au fil du temps, développer une palette de services autour de la connaissance du consommateur, puis des nouveaux métiers technologiques. Leur puissance financière était devenue telle qu'elles « incitaient » les régies publicitaires des grands médias à investir dans une multitude d'études dont la compilation et l'analyse leurs permettaient d'apporter un conseil très apprécié de leurs clients annonceurs. Toutefois, l'évolution des comportements d'achats initiés par la prise de pouvoir des analystes financiers ne jurant que par le court terme, chacun en voulant toujours plus pour moins cher, avait eu pour résultante une baisse de revenu considérable de ces centrales. Leurs commissions étant passées de 15 % à plus ou moins 1,5 % !

Cela faisait longtemps qu'on ne voyait plus très bien comment se sortir de la spirale infernale de la baisse des prix autrement que par un hypothétique blocage pur et simple du système. Mais cette utopie, à laquelle tout le monde pensait, paraissait tout bonnement inapplicable. Autant se faire hara-kiri !

Pourtant, la décision prise n'étonna qu'à demi les professionnels. Entre les francs-tireurs de la profession qui étaient prêts à exercer du *dumping*[1] sauvage rien que pour développer leur

1. Pratique commerciale consistant à vendre un produit sur un marché étranger en dessous de son coût de revient ou à un prix inférieur à celui qui est pratiqué sur son marché d'origine.

structure et la pression insupportable des annonceurs qui serraient la vis sans états d'âme, les agences médias se voyaient bientôt comme le scorpion prisonnier d'un cercle de feu : il échappe à la menace en se sacrifiant avec son propre dard.

L'application de la loi Sapin n'avait fait qu'anticiper les choses : « Moins cher, encore moins cher, toujours moins cher ! » C'était à peu près le seul mot d'ordre en négo que se voyait infliger un secteur qui s'était déjà restructuré à l'extrême pour s'adapter à l'évolution du marché et qui entrevoyait mal comment il pourrait en faire davantage. C'est-à-dire toujours plus pour encore moins ! Mythe ou réalité, la concurrence était telle que pour récupérer le budget média d'une grande marque automobile, l'un des nouveaux entrants, parmi les plus agressifs, avait même accepté une rémunération à taux zéro la première année ! À présent, c'était en fait les flux financiers manipulés par ces centrales qui généraient leurs revenus, l'argent versé par les annonceurs n'étant dépensé qu'au fil des réservations définitives dans les médias sélectionnés. Foin de l'inventivité, de l'expertise, d'études et des recherches sur les évolutions de la société et du consommateur mutant, d'une organisation du trafic impeccable. Le bénéfice des centrales relevait désormais uniquement de leur capacité à gérer de la trésorerie !

D'autres mauvaises nouvelles s'accumulaient par ailleurs, noircissant encore davantage l'horizon. Voilà que des médias décidaient de reprendre en main la publicité. TF1, Lagardère Active avaient déjà créé leurs propres centrales pour commercialiser leurs supports, télé pour l'un, presse et Web pour l'autre. À l'automne 2007, on avait annoncé la création d'une plate-forme de commerce en ligne d'espaces publicitaires autour d'un noyau constitué d'un afficheur et de plusieurs groupes de presse. Google venait de créer en France une cellule de planning stratégique constituée de 15 personnes. Bref, n'importe quel annonceur pourrait bientôt acheter son spot radio, sa pub ou sa campagne d'affichage directement sur Internet. Très démoralisant pour le business.

Une fois prise la décision de déclencher la grève nationale de la publicité par les groupes de communication, les centrales d'achat, qui leur étaient toutes affiliées, avaient donc lancé le processus d'annulation. Chez Carat, Havas Media, KR, MPG, vingt-quatre heures avant le jour J (quand ce ne fut pas le jour même), les services « trafic » suspendirent les envois des éléments techniques des nouvelles publicités (les cassettes vidéo des spots télé, les fichiers d'annonces presse, les mises en ligne de contenus Internet, etc.) en même temps qu'ils annulèrent les ordres d'insertion. Sur les tableurs de *Media Manager*, le logiciel phare de gestion de la profession, les cellules comportant les ordres se vidèrent les unes après les autres tandis que les fax d'annulations pour des plannings validés depuis plusieurs semaines déboulèrent dans les régies catastrophées des différents supports, tous médias confondus. Les achats de dernière minute (le *floating*), qui venaient régulièrement combler les creux des écrans publicitaires des chaînes, se tarirent tout aussi soudainement. Des centaines de millions d'euros matérialisés par des fichiers numériques contenant les éléments techniques en images, en sons, en textes, et destinés aux télés, aux journaux, aux imprimeurs, aux radios, s'évaporèrent en quelques heures des plannings de tous ces supports. Et puis, une fois les annulations passées, le personnel des centrales se retrouva bientôt sans plus rien avoir à faire tandis que, dans les médias, la stupeur fit place à l'angoisse.

Maurice Lévy, qui allait être relayé un peu plus tard dans la matinée par Bercy (pas très au fait du problème et qui balbutierait sans trop savoir que dire, sinon pour appeler à la traditionnelle et « nécessaire concertation entre les protagonistes »), avait parlé sur Europe 1 d'un « signal fort de quelques jours ». Du symbolique, en somme. Un peu comme le roi des Belges qui avait fait la grève de la monarchie pendant une journée pour s'élever contre une décision parlementaire[1]. Les plannings de réservation d'espace, les plans de trésorerie, les lancements de campagnes, les organisations logistiques, les événementiels, tout cela s'accommoderait sans trop de dégâts d'un peu de décalage et les éventuelles compensations pour les dédits devraient pouvoir se négocier ultérieurement sans trop de difficultés non plus. L'AACC[2] se réunirait en catastrophe, le Medef itou, et les commentaires à la sortie des réunions prévues dans la journée allaient vraisemblablement être tous très compréhensifs et même raisonnablement optimistes.

1. Le roi Baudoin, le 5 avril 1990, contre la légalisation de l'avortement.
2. Créée en 1972, l'AACC est le Syndicat professionnel des Agences-Conseils en Communication, regroupant aujourd'hui près de 200 agences-conseils en Publicité, Marketing Services, Communication Interactive, Corporate, Événementielle, Édition Publicitaire et Communication Santé. Toutes ces agences remplissent les critères de sélection et acceptent de respecter l'ensemble des règles professionnelles. Le label de l'AACC est un gage de crédibilité reconnu par l'ensemble du marché.

Chapitre 7

Leçon de pub sous les lambris

Quelques minutes après Juliette, Estelle fut introduite dans le Salon des portraits, après avoir dépassé la volée de marches qui conduit du vestibule d'honneur à l'étage présidentiel, et traversé de nombreuses pièces toutes somptueusement décorées, surchargées de dorures et de moulures impressionnantes. Le mobilier moderne de bois clair la rassura plutôt et elle se félicita d'être en pantalon, car le bureau du Président ne comportait pas de table de réunion (« Ça me permettra de décroiser les jambes », pensa-t-elle). D'ailleurs, le Président, qui avait accueilli la jeune femme par des excuses pour avoir ainsi monté cet enlèvement matinal avec la complicité de sa tante Claire, la mit rapidement à l'aise en annonçant tout de go : « Ici, la règle, c'est que chacun parle et puisse m'interrompre. Sinon, cela ne sert à rien. » Il lui proposa sans façon une tasse de café, ce qui acheva de la détendre. Outre Claire, qui lui avait fait la bise, la présence de Juliette et d'Aurélien, que le président lui avait familièrement présentés en leur mettant la main sur l'épaule avant de convier tout le monde à s'asseoir sans préséance, la convainquit enfin qu'elle n'avait pas été attirée dans un traquenard en forme de grand oral.

Sans ambages, le Président expliqua aux deux jeunes femmes qu'il souhaitait avant tout comprendre à quoi tenait ce « coup de Calgon » d'un secteur où l'on n'avait jamais entendu dire que les gens y étaient malheureux, au contraire, cette profession était riche !

— Aurélien, précisa-t-il, m'a brossé avant que vous n'arriviez toutes deux, un tableau très complet sur le poids économique de la pub (« Sarko ne fait pas de chichis sur le vocabulaire ! s'amusa Estelle. Il est vraiment cool... »), mais je ne comprends pas bien que des tensions puissent surgir à ce point dans une profession où, j'ai l'impression, tout le monde connaît tout le monde bien mieux qu'ailleurs. Donc, j'imagine que la concertation devrait encore mieux y fonctionner.

— C'est vrai que le monde des agences et celui des annonceurs est un peu un microcosme, même si ce n'est pas un monde fermé, monsieur le Président, s'enhardit Estelle, mais c'est peut-être en raison de cela, les uns et les autres ayant développé une telle dépendance réciproque et pris de telles habitudes, mauvaises parfois, qu'il est très difficile de revenir dessus.

— Pourtant, je connais beaucoup de chefs d'entreprise, y compris dans des agences de publicité ou des groupes de communication, et jamais personne n'a évoqué un quelconque blocage devant moi, alors qu'ils me savent tout à fait intéressé, et même plutôt bien formé, ajouta Nicolas Sarkozy avec un petit sourire faussement modeste, à ces techniques de la communication.

Estelle comprit que le Président cherchait à en savoir davantage sur les raisons du malaise plutôt que sur l'organisation de la profession. Elle choisit aussitôt de s'appuyer sur les études auxquelles elle collaborait depuis peu et qui contenaient beaucoup d'éléments d'explication, sinon de réponses évidentes. Toutes exprimaient un immense sentiment de frustration de la part des agences et elle se demanda comment résumer la situation au Président.

— Je dirais que les problèmes relèvent de deux ordres, monsieur le Président : des relations d'une part, qui ne sont pas toujours idéales, et des instruments de mesure des prestations, d'autre part, qui sont ou qui devraient être une base objective de rémunération et sur lesquels peu de monde est d'accord. C'est particulièrement le cas pour la création.

— D'où des récriminations ?

— C'est exactement cela. Sur le plan des relations, les agences estiment être largement pressurées par leurs clients pour apporter toujours plus de créativité. Le problème est qu'elles passent énormément de temps à concevoir leurs campagnes ou leurs recommandations stratégiques. Et si elles travaillent pour une grosse PME, elles trouvent même parfois qu'elles se substituent à la déficience ou à l'indisponibilité du service marketing de leur client, sans en avoir la contrepartie au plan de la rémunération. La rotation dans les équipes marketing est d'environ deux ans. Difficile dans ce contexte d'établir des relations de long terme. Un directeur marketing arrive avec sa personnalité, sa vision et les changements de cap sont fréquents. En fait, ce sont souvent les agences qui détiennent l'historique, mais elles ne parviennent pas à facturer et valoriser cette prestation. De manière très paradoxale, alors qu'on perçoit une reprise en main du pilotage des plans de communication par beaucoup d'entreprises annonceurs, ayant désinvesti dans l'humain celles-ci demandent énormément à leurs prestataires. Les seniors n'y sont pas assez nombreux et les juniors jouent un jeu ambigu dans un rapport maître/esclave se reposant énormément sur des agences auxquelles ils demandent toujours plus, même si ça n'est pas compris, ou suffisamment clair, dans les contrats initiaux. Ils agissent comme de véritables chronophages envers elles. Ajoutez à cela que les entreprises vont parfois à la bataille en ordre dispersé. Elles bougent beaucoup en interne, leurs organisations sont souvent éclatées et cela ne facilite pas le travail des agences. Des interlocuteurs non pérennes peuvent être amenés à signer des contrats pérennes, qu'ils ne suivront pas. Les strates hiérarchiques et les niveaux de décision s'empilent, alors que ceux d'une agence sont plus stables et concentrés, même si la montée des stagiaires, pour raisons d'économies, mais ce secteur n'est pas le seul à appliquer cette méthode, amène à une baisse de la qualité, notamment au niveau des livrables.

— Des quoi ?

— Pardon, les livrables sont toutes les actions quotidiennes qu'une agence doit produire pour aboutir à ce que vous voyez à la télévision, dans la presse ou sur tout support de communication et qui parfois ne sont pas à la hauteur des attentes des annonceurs. Les entreprises annonceurs, donc, ont appris à travailler avec d'autres structures de conseil, comme les grands cabinets anglo-saxons, dont les méthodes de travail et de facturation sont très rigoureuses, ce qui fait qu'à leurs yeux, à tort ou à raison, les agences paraissent trop laxistes ou trop opaques.

— Ce ne sont pas de mauvaises pratiques, pour autant. C'est plus une question d'organisation. Chacun doit s'adapter.

— Vous avez raison, monsieur le Président, mais l'incompréhension est souvent plus profonde. On constate ainsi que beaucoup de ces entreprises, particulièrement les directions marketing et commerciales, sont soumises à une forte pression qui les limite dans leurs stratégies de communication. Il y a la concurrence des économies émergentes qui les tétanise et les pousse à border la voile et à opter pour les actions de communication dites de court terme. Celles-ci peuvent avoir un effet sur le chiffre d'affaires, donc le résultat d'exploitation, mais elles ne construisent pas l'avenir. En venant, j'ai entendu dans la voiture une interview exceptionnelle du président de Publicis. Il disait que les patrons d'entreprise devraient utiliser la publicité comme une arme de combat. Ils sont soumis à une forte pression boursière et cette pression est telle que la peur du risque a fini par prendre le dessus. Leurs objectifs de communication s'orientent en conséquence davantage vers les publics financiers, qui n'ont qu'une vision de rentabilité à court terme, avec cette espèce de loi non écrite du retour sur investissement à 15 %, alors que c'est d'abord les liens avec leurs entreprises et leurs clients qui sont des points essentiels qu'ils devraient renforcer. La résultante de tout cela est que le pouvoir de prescription des agences s'est beaucoup affaibli. Les clients sont devenus dirigistes allant jusqu'à internaliser des fonctions qui hier étaient la force de celles-ci, comme le conseil stratégique et l'un des risques majeurs est que la création s'affadisse, donc qu'elle perde sa valeur intrinsèque. Pourtant les grands perdants dans un tel scénario, ce seraient eux, les annonceurs, leurs clients n'étant pas dupes et le risque de désaffection pour les marques devenant, à cet instant, réel. C'est un cercle vicieux. Les patrons ne sont pas suffisamment en phase avec leurs agences. Un P-DG passera, par exemple, un temps fou sur le choix d'un nouveau logo pour son entreprise ou sa marque au détriment de la publicité. Souvent, aussi, il ne fera pas suffisamment appel à toutes les autres disciplines qui pourtant font partie d'un tout. La culture des entreprises françaises, leurs habitudes de travail, l'organisation et le fonctionnement en silo de beaucoup d'entre elles, les empêchent d'avoir une vision à 360° des actions à mener pour promouvoir leurs marques ou leurs produits. Elles se privent ainsi d'exploiter tous les canaux qui pourraient les relier à leurs clients.

Juliette, qui jusqu'à présent n'était pas intervenue, jugea qu'elle pouvait apporter sa contribution au débat à ce point de la conversation. Ce qu'elle entendait de la bouche d'Estelle ne la surprenait pas trop, mais elle ne tenait pas à intervenir sur le même registre, sous peine de faire doublon, d'autant qu'elle connaissait certainement moins bien la situation en France. Aussi préféra-t-elle orienter son propos vers le contexte international du sujet – pourquoi pas vu de la Chine ? – ce qui ne manquerait pas d'intéresser le Président et viendrait compléter la vision hexagonale du problème tel qu'il lui était présenté. Tout aussi impressionnée que sa voisine de discussion par le côté absolument extraordinaire de cette réunion impromptue autant que matinale avec le chef de l'État, elle avait été rapidement conquise par son attitude à la fois simple et chaleureuse.

— Oui, Juliette, dites-nous ce que vous en pensez. Ça doit vous paraître très loin, tout cela, vu de Shanghai. Mais c'est à qui, dans ces groupes publicitaires, excipera du réseau le plus mondial, global, comme ils disent, des budgets les plus internationaux. Alors, je ne comprends pas. Qu'est-ce qu'ils vont nous coller une grève, ici en France, alors qu'ils sont soi-disant partout. Ils s'en veulent à eux-mêmes ou quoi ? Comment voyez-vous les choses, vous qui venez de reprendre contact avec la réalité hexagonale ?

— Ce qui m'a frappée, monsieur le Président, c'est le décalage dans lequel se trouve bon nombre d'entreprises françaises, et pas uniquement celles de la publicité, face à l'accélération de la mixité mondiale. On ne peut plus raisonner en termes de publicité française uniquement, dès lors que la quasi-totalité des marques présentes sur le marché hexagonal le sont aussi, à des degrés divers, sur d'autres marchés, certaines à l'échelle mondiale. Cette mixité touche donc aussi bien leurs collaborateurs, que leurs modes de fonctionnement, leurs marchés, leurs fournisseurs, *a fortiori* si ceux-ci sont en Chine ou en Inde. On ne peut plus dormir à Paris à l'heure où les marchés explosent en Asie. Surtout si on ne travaille que trente-cinq heures.

Le Président leva les yeux au ciel. Heureusement, cet épisode était derrière lui !

— Je le dis au propre comme au figuré, car c'est comme cela que ça se passe. Il ne peut plus y avoir de décalage horaire, exactement comme sur les marchés financiers. C'est du continu, du temps réel en permanence. Mais cette mixité touche aussi les consommateurs : elle est sociologique, ethnique, temporelle, spatiale. Les gens bougent, voyagent, émigrent, les carrières sont internationales, la culture l'est aussi. Tout est mouvement. On travaille où l'on se trouve. Avec votre ordinateur, vous pouvez vous trouver n'importe où et votre bureau est purement virtuel. Pourtant, vous êtes relié au monde entier. Un peu comme si l'espace-temps était déformable à l'infini. Mais en France, on a l'impression que les outils et les méthodes du marketing, de la publicité, le fonctionnement des entreprises en général, qu'Estelle vient d'évoquer, avec leurs silos, leur conformisme, vivent encore sur d'anciens paradigmes, sur des schémas où tout était clair, c'est-à-dire figé : des classes sociologiques, donc des classes de consommateurs, donc des habitudes de consommation, etc., toutes bien délimitées. Depuis cinquante ans, nous avons vécu dans un univers de la publicité de masse, comme l'indique bien ce mot de *mass media*. Or les patrons français peuvent-ils ignorer que leurs politiques de marques doivent fonctionner différemment, dans un monde où tout bouge en temps réel, où on ne peut justement plus raisonner en termes de masse et où le risque majeur est d'être observateur et non pilote ? Les Anglo-Saxons l'expriment par une bonne formule : *think global, act local*, c'est-à-dire « pensez au niveau mondial et agissez au niveau local ». Mais aujourd'hui, cela va encore plus loin. C'est aussi, « pensez individuel » ! Parce que dans un monde où cette mixité est générale et ne cesse de prendre de l'ampleur, où le nomadisme des objets comme des comportements devient la règle, toujours en temps réel, avec une remise en cause complète des habitudes de consommation, c'est précisément au niveau du consommateur individuel qu'il vous faut agir. Et cela, je dirais, en le suivant presque à la trace heure par heure.

Nicolas Sarkozy était impressionné. Le souvenir de son écran plat allumé à l'aube le ramena cependant à une vision plus apaisée des choses. Cette charmante Juliette était probablement un peu exaltée, emportée qu'elle était par sa démonstration.

— Mais pourtant, je ne vois pas que la publicité a changé. Quand j'allume ce poste, fit-il en montrant l'écran plasma par la porte de son bureau, entre les deux portes-fenêtres, j'y vois toujours autant de matraquage à coups de spots qui sont toujours les mêmes. Du moins jusqu'à ce matin.

— Vous savez bien que nous sommes entrés dans une nouvelle ère, monsieur le Président. Avec l'Internet, avec le téléphone gratuit sur ordinateur, avec les blogs, les podcasts.

— Les quoi ?

Nicolas Sarkozy ne put s'empêcher de rire de sa petite provocation. Lui revint en mémoire le fameux épisode du « mulot », lorsque les médias avaient découvert avec délectation que Jacques Chirac, se faisant présenter le matériel informatique de la nouvelle bibliothèque François-Mitterrand, à Paris, ne connaissait ni le terme ni l'usage de la « souris ». L'éloignement élyséen était apparu ce jour-là dans toute sa splendeur aux nombreux témoins de l'étonnement présidentiel. Il précisa aussitôt qu'il n'était pas ignorant à ce point, que sa femme lui avait offert lors de la sortie de son dernier album un iPod dernier cri et se promit de ne pas récidiver ce genre de « blague à deux balles » pour ne pas froisser la jeune femme.

Le Président relança donc la discussion avec un bon sourire engageant, histoire de ne pas interrompre une si convaincante démonstration.

— Mais expliquez-moi, Juliette, comment feront les entreprises pour résoudre cette quadrature du cercle : toucher chaque client avec de la grosse artillerie ?

— Elles ont justement un grave problème, monsieur le Président, répondit Juliette, soulagée par le ton avenant. Comme tout est interconnecté, tout s'est également complexifié. En fait, pas mal d'entreprises ont du mal à s'adapter. Déjà, sur le plan de leur organisation, elles sont en retard d'un métro, si je puis me permettre. Elles sont en face d'une problématique très complexe. Pour la plupart, elles doivent gérer un marketing client avec l'œil rivé sur le chiffre d'affaires tout en gérant un marketing de marque en fonction des valeurs de l'entreprise. Mais, souvent, elles le pilotent mal, uniquement parce qu'il n'y a pas de coordinateur en interne pour des raisons de lutte de pouvoir. La gestion du client a été la panacée sur les dernières années, mais trop souvent au détriment de la marque elle-même. Je vais être un peu outrancière, mais elles sont souvent inconstantes, elles réagissent trop souvent à des phénomènes de mode, Internet et tous les nouveaux médias interactifs en sont un bon exemple ; elles sont à la fois timorées et brouillonnes et, en plus, elles en veulent aux agences. Mais quand on est grand ou petit, obèse ou maigre, noir ou jaune, on accepte désormais de moins en moins que la publicité s'adresse à tout le monde et pas à soi en particulier. Il est sûr que le développement d'Internet, celui du téléphone mobile, les journaux citoyens, les heu... les podcasts (« Mince ! » se dit-elle intérieurement.), les forums de discussion ont changé la donne parce que tous les messages des entreprises, leurs publicités, la qualité de leurs produits, tout passe à la moulinette d'outils que chacun peut s'approprier. On prend, on ne prend pas, comme à la télé. Si ça ne vous plaît pas, vous zappez. Et en plus, vous avez un droit de réponse, et surtout de critique, que l'entreprise est dans l'incapacité totale de gérer. Résultat, un bon blog peut descendre en flammes une mauvaise publicité ou, mieux, un mauvais produit, même si la publicité est bonne. Et cela ne pardonne pas. Les consommateurs possèdent désormais une redoutable arme de contre-pouvoir. Et pourtant, la force de frappe des grands médias est réelle, même si d'aucuns la disent fortement menacée. Comme nous l'avons déjà évoqué, ce sont les entreprises, leurs marques, leurs valeurs perçues qui sont le phare, le repère dans le maquis des offres. Finalement, c'est très compliqué, car on est passé en peu de temps d'une logique de communication qui était cartésienne, un message diffusé par un canal, à une logique systémique, où tout est interconnecté.

— Donc, les marques sont très déstabilisées.

— C'est tout leur problème, monsieur le Président, particulièrement pour les plus grandes d'entre elles. Leur légitimité, leur impérialisme historique n'a plus court. Elles doivent désormais démontrer en quoi elles sont supérieures. Et comme le consommateur ne se laisse plus convaincre si facilement, il peut se réfugier dans le *low cost*... pardon... dans les marques à prix réduit. On peut très bien commander une glace chez Häagen-Dazs et acheter ses yaourts chez Leader Price.

Cependant, s'il percevait mieux à présent cette complexité qui s'était développée dans un monde où tout s'accélérait trop vite et que lui décrivait si bien Juliette, il aurait bien aimé savoir pourquoi, en France, le problème prenait une dimension si aiguë avec cette foutue grève. Compte tenu de l'évolution des technologies, du métissage des grandes entreprises devenues mondiales, où l'intelligence en réseau permettait de développer toujours plus rapidement les savoir-faire, l'armement, l'industrie automobile, le développement des énergies nouvelles, tous ces mondes étaient aussi confrontés à une accélération fulgurante. Ce n'était pas pour cela qu'ils se mettaient en grève ! Ah oui ! Juliette avait évoqué la rémunération. Pour ce qu'il en savait, ces gens de la pub n'étaient pas à plaindre. Qu'en était-il exactement ?

— Avant que vous n'arriviez, Aurélien m'a comparé ce monde de la publicité à une industrie. Alors expliquez-moi pourquoi ils n'arrivent pas à facturer les choses correctement, comme le ferait tout bon industriel. Ça ne doit quand même pas être sorcier de définir une rémunération avant de démarrer un travail. C'est comme un projet d'architecte. Vous savez sur quoi vous vous embarquez, abstraction faite des dépassements de devis ; mais ça, c'est souvent une question de mauvaise gestion, particulièrement dans notre administration, et j'en parle en connaissance de cause.

— C'est vrai que c'est un peu comme un concours d'architecte, monsieur le Président, répondit Estelle, que la controverse animait. Sauf que la présentation d'une belle maquette devant la direction générale n'est que la partie visible de l'iceberg. Avant, il y a des semaines de travail. Il a d'abord fallu digérer toute l'analyse marketing de l'annonceur dans laquelle celui-ci plante le décor le plus complet possible pour le positionnement de son produit, que ce soit face à la concurrence, mais également par rapport aux besoins et aux attentes du segment de clientèle envisagé, ou encore en fonction du mode de distribution, etc. S'imbiber de tout cela n'est pas neutre, d'autant que ça constitue la feuille de route des créatifs ou des *media planners*[1].

Aurélien reprit la balle au bond, rendu presque jaloux par les brillantes démonstrations des deux visiteuses de la matinée.

— Le problème, monsieur le Président, c'est qu'il n'y a pas un, mais cinquante modes de rémunération. Avant la loi Sapin, les choses étaient claires ; les agences se rémunéraient sur la fameuse commission de 15 % sur l'achat d'espaces. C'est

1. Personne qui, au sein d'une agence créative ou d'une agence média, a pour mission de gérer, pour le compte d'annonceurs divers, le budget de leurs campagnes de publicité, veillant à leur proposer la meilleure combinaison de supports et de formats pour répondre aux objectifs d'une action de communication. Ce sont des experts qui travaillent à partir de mesures précises.

ce qui rémunérait la valeur de leur création et une agence, si sa campagne était reconduite sur plusieurs années, y trouvait largement son compte. Mais la loi a cassé tout cela pour apporter davantage de transparence dans un système qui avait donné lieu à beaucoup d'abus. Aujourd'hui, en revanche, les agences n'y trouvent plus leur compte car elles estiment que leur travail et leurs créations ne sont pas rémunérées à leur juste mesure. Alors, tous les moyens sont bons mais aucun n'est satisfaisant.

— Il y affectivement un désaccord profond sur la définition même de la rémunération, ajouta Estelle. Et ce qui est paradoxal, c'est que nos enquêtes montrent que tout le monde est à peu près d'accord pour reconnaître qu'il y a problème ! C'est avant tout sur l'aspect de la rémunération de la création que les choses achoppent. Quand une agence répond à une compétition, ça coûte extraordinairement cher. Et à supposer qu'elle gagne, avant d'amortir ses frais de compétition, il faut quasiment une bonne année de coopération avec l'annonceur, et cette collaboration ne devient intéressante qu'à partir de la deuxième année. Après, cela dépend des budgets. Mais à nouveau, monsieur le Président, c'est un peu comme l'architecte qui a remporté son concours. Il a vendu son projet et puis, derrière, il doit réaliser tous les plans d'exécution et suivre le déroulement des travaux avec tous les corps de métier. Mais sur quoi est-il payé réellement ? Sur la qualité intrinsèque de son projet, donc sur sa créativité ? Sur du temps passé ? Ou plus simplement sur le bon achèvement des travaux, car, finalement, c'est bien ça qui intéresse le client ? Dans tout cela, on a l'impression que si les annonceurs se rendent compte qu'il y a eu un travail de création, ils n'en reconnaissent pas la valeur ajoutée. Alors que c'est bien celle-ci qui va leur créer de la richesse. Et encore, ça n'est pas systématique qu'ils veuillent bien admettre ce travail de création. Certains voudraient même le réduire uniquement à du temps passé. Comme si on pouvait chronométrer la gestation d'une bonne idée par rapport à une mauvaise ! En fait, ça résume tout. Ils ne veulent tout simplement pas rémunérer l'idée. De toute façon, juger une création est certainement très difficile. La preuve, c'est que personne ne s'accorde sur la manière de la faire. On est à la fois dans le qualitatif et dans le quantitatif. La création de l'agence peut paraître très bonne au client et la campagne se révéler un désastre, et inversement. Si vous me permettez l'expression, monsieur le Président, ça ne peut pas être qu'une « note de gueule » ! Un peu comme si un P-DG disait à son agence : « Ma femme m'a dit qu'elle n'aime pas la blonde dans votre dernier spot, alors cette année, je ne vous récompenserai pas. »

Nicolas Sarkozy éclata de rire. La démonstration imagée d'Estelle lui faisait parfaitement comprendre la difficulté du problème. Mais quelque chose lui semblait clocher dans ce raisonnement.

— Attendez, je ne comprends pas. C'est certainement très difficile de s'entendre sur la valeur d'une création, c'est parfaitement subjectif. Si ça n'est pas une « note de gueule », comme vous disiez très justement, ça y ressemble furieusement. Moi, je vois un élément très simple à prendre en compte : c'est le résultat. Mon conseil en com' est bon, je suis élu. Il est mauvais, je suis battu ! Et lui, fit-il en se tournant avec un œil noir vers Franck Louvrier qui n'avait pas ouvert la bouche depuis le début de cet échange mené à bâtons rompus, il est au chômdu ! J'exagère, mais...

Cette fois-ci, c'est Estelle qui éclata de rire.

— Les uns et les autres y ont bien pensé, monsieur le Président, mais le système n'a pas été adopté par tous et surtout il ne fait pas l'unanimité quant à son mode de calcul. Mais enfin, il a le mérite d'exister. C'est l'*incentive*, c'est-à-dire une prime qui...

À cet instant, Aurélien crut bon d'intervenir. Le coup de l'architecte lui paraissait être en mesure de verrouiller la démonstration dans l'esprit du Président.

— Si vous me permettez, monsieur le Président, je crois que la comparaison d'Estelle avec l'architecte illustre bien le problème. Cette notion d'*incentive*, de prime au mérite pourrait-on dire, si elle est mal définie, peut se révéler parfaitement abusive. Un peu comme si on demandait à cet architecte de garantir le bonheur des gens dans les logements qu'il a construits et qu'on le rémunère en fonction de ça. À ce tarif-là, en allant plus loin, on peut considérer que la crise des banlieues est uniquement due à la conception des cités, en faisant fi de tout le reste ! Vous comprenez. »

Le Président ne comprenait que trop bien et il fit une moue qui aurait pu paraître d'acquiescement, ce dont Aurélien ne fut pas sûr du tout, regrettant immédiatement de s'être aventuré sur un terrain hautement sensible, les banlieues, qui ne cessait d'empoisonner le débat politique. Il jugea prudent de ne rien ajouter et de laisser Estelle reprendre le fil de sa démonstration en se reculant ostensiblement contre son dossier. Nicolas Sarkozy se retourna vers la jeune femme : « Pourtant, il devrait bien y avoir moyen que tout le monde s'entende en définissant quelques critères. »

Juliette intervint à son tour, sa propre expérience lui permettant de compléter la démonstration.

— À ce que vous décrit Estelle, monsieur le Président, on peut rajouter la dimension internationale, lorsqu'une création est exploitée dans plusieurs marchés et qu'elle utilise à la fois la pub, le marketing direct, Internet, les relations publiques, etc. Face à une telle batterie d'actions, on ne sait pas mesurer la contribution globale d'une stratégie de communication à la performance finale. Alors, le faire pour plusieurs pays, vous imaginez.

— Finalement, cette commission des 15 % avait du bon.

— Dans l'absolu, sans aucun doute, monsieur le Président, répondit Estelle, et la loi Sapin, comme l'a dit très justement Aurélien a cassé le système. Mais ce sont les abus de la profession elle-même qui l'ont condamné. Seulement le problème n'est pas résolu. Aujourd'hui, les agences se trouvent contraintes à la transparence, certes, mais comme elles donnent le détail de leur activité, elles ont beaucoup de mal à justifier de la valeur d'une idée face à des annonceurs qui préfèrent des feuilles d'heures comme justificatifs. Résultat, leurs honoraires ne sont absolument pas représentatifs de la valeur qu'elles génèrent pour leurs clients. Encore faut-il que cette valeur soit objectivement mesurable sur des critères admis par les deux parties. Et l'on revient à la case « départ ». Cela pose en fait le problème des droits d'auteur. Je n'en suis pas spécialiste, mais j'ai compris que les annonceurs s'en exonéraient facilement. Et dans ce domaine, les annonceurs ont un peu un rôle totalitaire et dominateur. Un responsable d'agence m'a donné une bonne comparaison avec l'exemple de « La pie qui chante ». Un beau slogan, qui a peut-être été payé trois francs six sous à un publicitaire à l'époque. « Eh bien ! me disait-il, ça fait combien de temps qu'elle chante, cette fameuse pie ? Plus d'un demi-siècle ! Et ça profite à qui ? Où ils sont, les droits d'auteur, dans tout ça ? »

— Pourtant, les agences sont habituées, depuis le temps, à travailler avec des entreprises. Vous leur faites porter le chapeau un peu systématiquement.

— Vous avez entièrement raison, monsieur le Président. On ne peut pas se contenter de charger uniquement les entreprises. Les agences peuvent également faire leur *mea culpa* car elles peinent à reformater leur modèle et leur offre.

Le secrétaire général de l'Élysée passa la tête par l'entrebâillement de la porte : « Monsieur le Président, annonça Claude Guéant, monsieur le Premier ministre est arrivé. » C'était la règle que les deux hommes dussent se rencontrer en tête à tête pendant au moins une demi-heure avant le Conseil des ministres. Il fallait abréger. Ce qu'il retenait, c'est que ces histoires de rémunération et d'*incentives* étaient au cœur du conflit. Et ça, il n'avait pas la baguette magique pour y remédier. Mais comme d'habitude, il le pressentait, on ne manquerait pas de se tourner vers l'État quand les négociations seraient bloquées. Décidément, les Français étaient indécrottables !

Ce triste constat fut immédiatement relayé par celui, beaucoup plus optimiste, que lui inspiraient ses interlocuteurs qui se levaient à présent pour le saluer. Ces jeunes gens avaient tout compris. Cela valait largement tous les rapports qu'il n'avait d'ailleurs jamais eus sur le sujet et il se dit qu'il devrait bien reconduire la formule.

Un peu plus tard, il soupira en lui-même tandis qu'il pénétrait dans la salle du Conseil où se tenaient tous ses ministres. « Ils m'attendent et ils se demandent bien ce que je sais et ce que je vais bien pouvoir leur dire sur ce bordel qu'ils n'ont même pas vu venir. Ils ne vont pas être déçus ! Quand je pense que pas un ne m'en a parlé. Tiens ! Dans le fond, ça leur aurait fait du bien, à certains, d'être rémunérés à l'*incentive*. Quali et quanti ! Il faudra que j'en parle au ministère des Finances. »

À cette pensée délicieusement méchante, il se sentit tout ragaillardi et dépassa en souriant l'huissier qui s'apprêtait à refermer la double porte.

Chapitre 8

Concert de *fado* rue de Lisbonne

Son président, Michel Pébereau, venait de débarquer en catastrophe rue de Lisbonne, à l'Institut de l'entreprise. Le président de BNP Paribas avait été averti la veille par Vincent Bolloré de la catastrophe qui s'annonçait et, matinal comme à l'habitude, il avait vite compris l'ampleur des dégâts en zappant à l'aube de LCI à BFM en passant par Europe 1 et RTL.

Outré de ce qu'il considérait comme un « coup de Jarnac » contre les entreprises en général et l'économie tout court, il avait tenté de joindre Maurice Lévy au téléphone, mais celui-ci avait déjà rejoint l'aéroport après l'interview avec Jean-Pierre Elkabbach. Devant son insistance (et son exaspération), on lui avait passé le président de Publicis France, qui lui avait proposé de le rejoindre à l'AACC en compagnie de quelques têtes d'agences, pas forcément de son groupe, qu'il se faisait fort de faire venir pour une explication qu'il pressentait orageuse. Mais son offre était tombée à plat. Les quelques chefs d'entreprise qui avaient appelé l'Institut étaient tous d'accord : « Les insolents ! Ils nous mettent dans la panade et il faudrait qu'on se déplace chez eux ? Pas question ! » On tomba donc d'accord pour la rue de Lisbonne. Michel Pébereau battit aussitôt le rappel côté entreprises et, en milieu de matinée, une quinzaine de visages, empourprés pour certains, goguenards pour les autres, se retrouvèrent autour d'un café vite avalé.

L'attaque des entreprises fusa immédiatement sans que Michel Pébereau eût même à lancer le signal. « Vous êtes dingues ou quoi ? La pub nous retire l'échelle ! Mais qui est-ce qui vous fait vivre ? C'est du suicide, c'est du meurtre ! Qu'est-ce que vous voulez, enfin ? »

Tout aussi rudement, un publicitaire répliqua qu'il ne fallait pas prendre pour un mouvement d'humeur ce qui n'était que l'expression d'une situation rigoureusement bloquée depuis belle lurette, ce que tout le monde savait, mais dont personne, les entreprises pas plus que les pouvoirs publics, n'avait voulu prendre la mesure. Il cria, plus qu'il ne parla : « Vous n'arrêtez pas de nous pressurer sans aucune vergogne. Vous nous avez mis entre les mains de vos achats. Vous nous avez supprimé, vous ou d'autres, mais vous avez tous applaudi, nos commissions. Vous prétendez que la communication est essentielle et qu'elle est au cœur de vos projets, mais vous avez allègrement balancé toute vision à long terme sur vos marques pour vous focaliser sur le court terme, en courant comme des malades derrière le dernier gadget de com' à la mode. Résultat, on a avec vous des relations d'épiciers. On n'a pas eu le temps de sortir les campagnes dans les délais que vous avez déjà commencé à mégotter sur nos heures et à refuser de payer nos créas au motif qu'il faudrait d'abord voir ce qu'elles vont donner ! Et puis nos créas, pardon, elles sont souvent cadeau ! “Elle me plaît pas, mais je la garde quand même. On ne sait jamais, elle peut resservir”. »

Le ton passablement direct du publicitaire et son vocabulaire cru en firent sursauter quelques-uns. L'Institut n'y était pas habitué. Mais la charge continua de plus belle. Un autre prit le relais, encore plus véhément : « Attendez ! On parle de com', mais on devrait parler de pub, ce matin. Pas vrai ? Nous, on est là pour ça. Vous en avez des chargés de com' et des porte-cotons à n'en savoir que faire ! Et des chargés de pub, vous en avez ? Il y en a combien, ici, autour de cette table, qui savent qu'une bonne pub, c'est d'abord et avant tout une bonne créa et qu'avant de mégotter sur la suite, ce serait déjà la première des choses à reconnaître et à payer à son juste prix ? Voulez-vous qu'on vous dise, en fait, la publicité, ça ne vous intéresse pas ! Vous l'avez laissée tomber purement et simplement. Ou plutôt, vous n'avez plus voulu vous en occuper. La pub, c'est vulgaire. Vous ne croyez qu'à la communication financière, au lobbying, à l'institutionnel. C'est meilleur pour votre ego et ça vous permet de discourir sur les valeurs de l'entreprise avec votre dircom qui vous applaudit dans les coulisses et comptabilise vos passages télé. Mais c'est nous qui ramons sur le terrain et qui allons identifier vos prospects et leur rappeler que vous avez une marque et des produits. Et si on ne leur faisait pas leur pub, tous vos effets de micro et de relations publiques n'y pourraient rien. Vous ne vendriez rien ! »

Ces derniers mots prononcés presque avec violence firent aussitôt leur effet. « C'est du brutal » murmura quelqu'un qui connaissait ses classiques. La réunion versait dangereusement dans les échanges d'amabilités entre les « tontons flingueurs » du film d'Audiard.

L'attaque était effectivement rude. Directe. Michel Pébereau et ses pairs étaient quelque peu décontenancés. Le président de l'Institut de l'entreprise comprit que la crise était grave. Ces gens de la pub (que, dans le fond, il connaissait mal) étaient à bout ! Ils le prouvaient ce matin. Il fallait les écouter. Négocier éventuellement. Encore que ce fût trop tôt, car il fallait d'abord savoir ce qu'ils voulaient exactement. Mais surtout, ne pas en rester là. Les enjeux étaient trop élevés. Discuter, donc, à tout prix.

— Enfin, mesdames, messieurs, vous comprenez bien que vous ne pouvez pas prendre en otage les entreprises et même toute notre économie. Car c'est de cela qu'il s'agit. Vous nous prenez en otage. Nous interdire de communiquer, c'est nous ligoter. Des engagements sont en cours, des campagnes doivent être lancées, des financements ont été affectés. Eh quoi ? Vous nous faites le coup de la grève surprise des lignes de banlieue ! Et tant pis pour les banlieusards ? La SNCF, d'accord ! Mais pas vous ! On travaille ensemble sur les mêmes objectifs, n'est-ce pas ?

— C'est peut-être là-dessus qu'il faudrait commencer par s'entendre, lui répondit-on du bout de la table. Quels objectifs ? votre image ? vos valeurs ? vos produits ? vos clients ? Votre ego ? Votre banquier ?

On y était. La discussion pouvait commencer.

Si la réunion n'était pas censée aboutir à une remise en cause de la grève – et, de fait, elle n'y aboutit pas – elle permit au moins de mettre à plat un certain nombre de problèmes et d'amorcer, sinon un dialogue, en tout cas des échanges qui en firent réfléchir plus d'un.

Conscient que la discussion, même tenue à chaud, ne déboucherait sur rien d'immédiatement concret qui puisse enrayer la grève annoncée, Michel Pébereau décida de lui donner un tour le plus apaisé possible, en profitant de la présence des uns en face des autres, pour déjà déblayer le terrain des incompréhensions. Dans le fond, on n'était pas au Medef, ni dans une instance paritaire, mais dans un lieu d'échanges et de propositions. Au moins, on ne pourrait pas taxer les entreprises d'autisme, dès lors qu'elles auraient ouvert leurs portes aux premières heures du conflit. Et lui, président de l'Institut, serait d'autant plus dans son rôle que ce n'était ni le lieu, ni le moment, et en tout cas pas son éducation, de laisser s'installer une foire d'empoigne entre des patrons remontés comme des pendules et des publicitaires découvrant presque avec jouissance leur tout nouveau pouvoir de nuisance. Par ailleurs, sa sensibilité positive vis-à-vis de la communication était réelle. Il croyait vraiment à l'image et à la création de liens forts avec les clients et savait combien tous ces gens contribuaient à sa construction.

Il recadra donc la discussion en priant chacun d'exposer son point de vue sur les fondamentaux de la crise et demanda, tropisme de Sciences-Po oblige, qu'on lui précisât en quelques points la querelle sémantique sur la com', la pub, les clients, le produit. Un peu piégés, mais finalement soulagés de ne pas être contraints à s'envoyer des noms d'oiseaux, les participants approuvèrent chaudement l'initiative. On resterait entre gens de bonne compagnie.

On revint donc sur les causes originelles du désaccord. Les présidents des entreprises, ou leurs représentants, exprimèrent tous une position somme toute très proche. Dans un monde qui bougeait en temps réel – évolution du contexte international, bouleversement des repères traditionnels de la société – se posait plus que jamais la question de trouver de nouvelles sources de valeur ajoutée, propulsant ainsi l'innovation au premier plan. Avec un bel ensemble, ils défendirent leur vision de la communication : celle-ci devait permettre de resserrer le lien auprès de leurs publics, afin de soutenir l'adaptation au changement, le rapport à la consommation, au travail, à l'entreprise, fortement battus en brèche et qui nécessitaient le développement de formes astucieuses quasi « affectio-sociétatives ». La communication était donc bien au cœur de ce dispositif. Jamais il n'avait été question de la remettre en cause. « Ça n'est pas le problème aujourd'hui, lança aussitôt quelqu'un (un publicitaire, sans doute) avec aigreur. Vous croyez qu'on s'est mis en grève pour discuter du sexe des anges ou de celui de la communication ? Vous n'y êtes pas. Vous savez très bien ce qui nous amène ici. Vous faire comprendre notre ras-le-bol sur la manière dont vous traitez la pub. Vous prétendez vouloir communiquer, mais en fait, vous vous contentez de considérer la com', et surtout la pub, comme un mal nécessaire. "Quelques coups de gong et ça suffira. Et si ça n'est pas un désastre intégral, c'est déjà un succès !" comme le dit couramment un de vos pairs. »

Horrible dérapage ! Michel Pébereau intervint aussitôt pour faire baisser le ton du mauvais élève en insistant pour que l'on respectât la règle du jeu. L'échange reprit un bémol plus bas.

Natalie Rastoin, patronne d'Ogilvy, un groupe couvrant un large spectre des métiers de la communication, connue pour sa finesse, qui n'empêchait pas une main de fer, choisit de prendre de la hauteur (des futurs clients se trouvaient possiblement dans la salle) en commençant plus sobrement dans le sens demandé par le maître des lieux. « Nous avons effectivement un problème de définition de notre métier entre nous. Vos publics sont dispersés dans différents pays, différents milieux, politiques, financiers, agences de notation, médias, clientèle B to B, grand public. Or, ce dernier n'est plus la masse homogène qu'il était. Il est de plus en plus divers et insaisissable. Donc, tout devrait vous conduire à unifier vos messages autour des valeurs profondes de l'entreprise, ce qui en constitue le cœur, et que vous les décliniez selon les registres adaptés à chaque destinataire. Seulement voilà, vous scindez l'institutionnel de la pub, qui concerne justement le commercial. Vous me pardonnerez cette image, mais si on analyse cette attitude de manière abrupte, on peut penser que 1789 n'a jamais existé. Le commercial, donc la pub, c'est du vulgaire ! Que le tiers-état le gère ! Tandis que la noblesse, c'est tout ce qui concerne l'entreprise et ses valeurs. Et il n'y a que ça qui retient votre attention ! »

L'analogie historique (pour ceux qui la comprirent) fit son petit effet ! Un murmure presque admiratif parcourut les rangs des membres de l'institut.

— Mais c'est essentiel pour nous, la communication institutionnelle, lui renvoya un dircom. La pub, on la laisse effectivement à nos équipes, car c'est la communication interne qui est fondamentale. Un projet d'entreprise ne passe que par l'interne. Puisque nos valeurs, c'est l'interne.

— C'est là que votre raisonnement est incomplet, cher monsieur, répondit-elle (satisfaite par ailleurs d'avoir identifié son interlocuteur. On pourrait continuer la conversation dans l'avenir). La communication doit être globale et n'écarter aucun de ses territoires. Regardez ce qui se passe dans la grande consommation. Aucune marque en soi n'est véritablement forte. Elles sont en crise. Résultat, dans le *food*, ce sont les marques de distributeurs qui vous dament le pion. En réaction, vous privilégiez des stratégies « tous clients » axées sur le court terme, ce qui vous empêche de construire une image de marque pérenne et bien ancrée dans l'esprit du consommateur. N'est pas Nespresso qui veut ! En revanche, les produits Monoprix et autres Leader Price font un tabac ! Et vous les prenez plein pot ! Comprenez qu'une stratégie se construit sur le long terme, évidemment en respectant les valeurs de l'entreprise, qui en sont l'ADN. Mais il est important d'investir sur la marque, car c'est elle qui véhicule cet ADN. La marque est un cap, et vous l'avez laissé filer, c'est la pub qui l'exprime, car qui dit publicité dit « rendre public dans la cité » !

La remarque fit mouche, mais les critiques s'élevèrent :

« Comment pouvez-vous croire qu'on abandonne nos marques ? Ce serait tout simplement suicidaire ! »

Un publicitaire qui attendait l'argument rebondit :

« Justement, votre marque est sous-employée. Toujours parce que vous ne vous investissez pas assez dans la pub, parce que vous la laissez à d'autres. À vos collaborateurs certes, mais vous me permettrez de vous mettre face à vos contradictions : vous qui prônez la force d'un projet pour garder le cap, vous laissez le bateau voguer sans vous enquérir de sa route ! Alors qu'au contraire, cela devrait être porté par vous. Seulement pour cela, il faudrait comprendre comment on y travaille dans la pub. Ce que c'est que de "pondre" une superbe idée, même si elle a été pondue en un quart de seconde sur un coin de table, ce qui est d'ailleurs rarement le cas, croyez-le bien, et qui va tourner sur vos spots et sur vos affiches et sur vos linéaires pendant des mois, voire des années. Et ça nous amène à quoi, cela ? À rémunérer nos idées ! Tout simplement ! Seulement, les droits d'auteur, car c'est bien de cela qu'il s'agit, c'est bon pour la littérature, mais pas pour la pub. Et pourquoi pas ? Remettez donc la marque au centre de votre communication et considérez-nous, comme votre plus proche et premier allié. Non pas comme des saltimbanques qu'on presse comme des citrons. Commencez par repenser le rôle de la communication dans son ensemble, chacun au sein de son organisation. Et reconnaissez enfin que si c'est la pub qui est la meilleure arme pour brandir votre marque, le porte-fusil, il faut le payer ! »

« Nous y voilà ! pensèrent plusieurs patrons autour de la table. Il a lâché le morceau. C'est la rémunération qui les préoccupe. Pas idiot, sa démonstration. » Mais l'autre voulait continuer. Tous ces représentants d'entreprises sous la main, un matin comme celui-ci, c'était inespéré. Porte-parole autoproclamé de sa profession devant un tel cénacle, il sentit qu'il pouvait pousser son avantage pour asséner encore quelques bonnes vérités : « Vous n'avez pas compris qu'on devait évoluer au même rythme et que votre distance n'a fait qu'accentuer le fossé. Chez vous, la montée en puissance des directions des achats n'a pas facilité non plus la prise de conscience. Ils ne connaissent pas nos métiers, ils n'ont pas été formés pour. Choisir en permanence le moins-disant, ça ne fait pas une politique. Ou alors, elle est "court termiste". Voilà où on en est. On est entré dans une logique de prix qui a tendance à prendre le pas sur le reste alors que le consommateur change extrêmement vite en ce moment et qu'il faudrait à l'évidence beaucoup plus de symbiose entre agences et annonceurs pour suivre, ou plutôt anticiper, cette évolution. Vous, les patrons, vous vous êtes tellement "désimpliqués" de la communication, que celle-ci fiche le camp dans toutes les directions et que c'est effectivement souvent n'importe quoi. Tout ce que je vous dis là, c'est du quotidien et du réel. Mais vous conviendrez avec moi que ça n'est pas aux politiques de s'en occuper. C'est entre vous et nous. Parce que les politiques, vous êtes tous ici capables d'aller les voir quand vous avez un problème. Et vous ne vous en privez pas. Seulement, nous, quand il y a un problème, personne ne vient nous voir, et si on vient se plaindre, personne ne nous répond. Et ça fait des années que ça dure. Alors aujourd'hui, tant pis ! Le porte-fusil, il pose le fusil ! »

Le chahut fut total. Les publicitaires applaudirent. Un patron éructa.

— Mais c'est faux ! Même les politiques ne savent pas ce que l'on fait. Si on va les voir, ce n'est pas pour se plaindre. C'est pour leur faire comprendre qui nous sommes et qu'ils arrêtent de nous mettre des bâtons dans les roues. Mon député ne connaît que sa circonscription, pas le monde de l'entreprise. Alors, la pub, vous pensez bien…

— C'est possible, lui répliqua le publicitaire en verve, tandis que Michel Pébereau et le vice-président de Publicis échangeaient des coups d'œil inquiets. Mais vous avez l'aversion du risque et, conséquence, vous vous en remettez totalement au court terme. Vous télescopez vos objectifs dans cette vision alors que la communication devrait vous aider à voir plus loin. Vous l'utilisez à contre-escient. Même chez vous, on nous le dit. Vos actions de com' sont complètement déconnectées. Et vous voudriez nous payer sur les résultats ? Mais vous n'avez même pas correctement défini vos objectifs ! On saura s'organiser, mais vous, organisez-vous d'abord !

Des bras se levèrent au ciel, exaspérés. D'autres retombèrent, catastrophés. Plusieurs représentants des entreprises filèrent en empoignant furieusement leur dossier et en pestant contre ces « fils de pub » décidément infréquentables. Ceux-là avaient mis une belle pagaille.

En prenant l'escalier pour rejoindre le hall, Michel Pébereau interrogea Nicolas Bordas, vice-président de l'AACC et président du Groupe TBWA France :

— Tout à l'heure, on a évoqué très vite cette histoire de rémunération. En fait, ce sont vos *incentives*. J'ai bien compris que c'était l'un des points durs du conflit et on ne va pas le résoudre aujourd'hui. Mais, quand même, entre agences et entreprises, vous devriez être capables de vous entendre.

— C'est en fait « mission impossible » pour l'instant, parce que personne ne s'entend sur le mode de calcul. Les uns voudraient le caler sur des résultats quantitatifs, d'autres sur des résultats qualitatifs. Mais lesquels ? sur l'augmentation des ventes ? sur l'augmentation de la notoriété ? sur l'augmentation des appels clients ? sur le nombre de « clics » sur un site Web ? Par exemple, ce serait très difficile de choisir le critère d'augmentation du chiffre d'affaires avec une grande enseigne de la distribution. L'une d'entre elles, qui fait quinze milliards d'euros de chiffre d'affaires en France, nous a clairement expliqué que ce n'est pas une action publicitaire qui ferait bouger d'un iota ce chiffre. C'est d'autant plus vrai que le résultat de cette augmentation peut être dû à la publicité « classique » (il mima les guillemets du bout des doigts). Mais aussi aux actions de marketing direct, à l'Internet, sans compter les actions locales, l'animation des forces de vente, etc. Les données d'entrées sont trop nombreuses pour que le résultat soit attribuable à un seul acteur, d'autant que, dans de nombreux cas, ce sont des agences différentes qui gèrent ces disciplines.

Pas mécontent de ce *one to one* impromptu, Nicolas Bordas décida de pousser les feux :

« Même BNP Paribas est un bel exemple de cette dilution, si vous me permettez. Nous sommes nombreux à avoir développé des modèles de communication globale, connectée, 360°, holistique, mais on voit bien qu'il est très difficile compte tenu des silos dans vos entreprises et du manque d'implication des présidents de maîtriser tous les éléments. Les agences constatent d'ailleurs que les annonceurs ne sont parfois pas clairs eux-mêmes sur leurs objectifs. Dans ce cas, comment faire une bonne créa, une bonne stratégie ? Vous comprenez ? »

Michel Pébereau comprenait. Il opina. Il en avait suffisamment appris ce matin. Le mal était profond. Les choses ne se régleraient pas d'un claquement de doigts. Cela allait même au contraire prendre du temps.

On se sépara sans trop d'aménité. Et plutôt inquiet pour l'avenir.

Chapitre 9

Une grève en cache une autre

Les agences avaient mis l'arme au pied, mais elles n'étaient que la partie visible de l'iceberg. Dès qu'avait émergé l'idée d'une grève de la profession, l'information avait vite transpiré chez tous les prestataires qui gravitaient autour des enseignes ayant pignon sur rue et, à la grande surprise de celles-ci, le mouvement se déclencha de manière simultanée bien au-delà de ce qu'elles avaient imaginé. Un peu comme à la SNCF où un conflit des agents de conduite pouvait se diffuser en pluie fine jusqu'aux agents aux guichets. Dès les premières heures de la grève, ses commanditaires – à l'instar de ce que Martin Sorell avait dit à Fred – comprirent avec angoisse que le mouvement qu'ils venaient de lancer leur avait déjà échappé et qu'il serait difficile de le rattraper. Un peu à la manière de « l'arroseur arrosé », par ricochets de planète en planète, la galaxie de la pub se trouva très vite contaminée et ses étoiles les plus brillantes s'éteignirent les unes après les autres. Les notions d'interconnexion, de réseaux, de rumeurs, de diffusion instantanée prirent ici toute leur dimension.

Depuis qu'il avait été réveillé par le patron de WPP[1], Frédéric n'avait pas chômé. Réactivant tous ses réseaux il avait en quelques heures compris avec angoisse que l'un des vecteurs de la contagion – et peu de gens s'en étaient rendu compte jusqu'à présent, mais lui le savait depuis déjà longtemps – était que la pub de papa avait disparu. L'époque des gourous, des porte-voix et figures emblématiques de l'explosion publicitaire des années 1980 était révolue.

Avec la loi Sapin, la pub avait vécu sa première révolution. Mais Internet lui faisait vivre une deuxième révolution, et de nouveaux métiers avaient fait irruption, qui répondaient à l'évolution de la création et de la production par une myriade de spécialités encore inexistantes il y avait à peine dix ans. Cette nouvelle génération, pas spontanée du tout, était la fille de l'interactivité qui avait vite grandi et s'était métamorphosée en un haut débit impérialiste et dominateur, s'infiltrant sans vergogne dans tout ce que la communication empruntait comme tuyaux, qu'ils soient de cuivre ou hertziens. Des directeurs artistiques en interactif, des développeurs et des animateurs Flash, des programmeurs HTML, Java et JavaScript, PHP, ASP et langage C, des développeurs de bases de données, des intégrateurs, des webmasters, plus, bien évidemment, des chefs de pub Web, des *web planners*, des chargés de marketing interactif et des chargés d'études tout court, des trafic managers et des responsables des partenariats dédiés à ce nouveau média et aux marchés exponentiels qu'il ouvrait aux annonceurs comme aux agences. La liste, des plus ésotériques pour qui ne nageait pas dans le milieu, n'était pas close.

1. WPP est le premier groupe de communication mondial, il est propriétaire de nombreux réseaux et sociétés spécialisées en achat média, publicité, relations publiques, hors média, événementielle et instituts d'études et de recherche.

À côté de plusieurs métiers que les agences, comme certains annonceurs, avaient intégrés, d'autres s'étaient constitués en marge des structures formelles sous la forme du statut le plus simple qui soit : l'indépendant, qu'on appelle plus paresseusement *free-lance*. « Et ce “nouveau monde” des *free-lances* est tout sauf petit, se dit Fred qui commence à avoir des frissons dans le dos. Les formations au multimédia ont éclos de manière anarchique, sans aucune cohérence avec la réalité de la demande, et lâchent chaque année sur le marché des milliers de jeunes diplômés qui viennent grossir les bataillons d'une main-d'œuvre taillable et corvéable à merci. Doués pour la plupart d'entre eux, nombreux sur le marché, et même trop nombreux, extrêmement réactifs, foncièrement interactifs (et pour cause), ils vont s'avérer des agents pathogènes extrêmement virulents. D'ailleurs, ils ont commencé ! »

Effectivement, à la vitesse du Net, c'est-à-dire à 300 000 km/s (vitesse de propagation des électrons dans les fils de cuivre), les milliers de structures indépendantes, très souvent des individuels, travaillant de près ou de loin pour la pub, qui subissaient bien malgré eux le tour de vis continu sur les prix des prestations des agences, prirent le train en marche.

En à peine quarante-huit heures, un collectif virtuel, « Free-lances en colère ! », se constitua pour dénoncer à son tour les conditions de travail et de rémunération d'une population largement ignorée par les médias, par le gouvernement et par tous les organismes de statistique qui prétendent prendre le pouls de la vie économique.

Des « créa », des graphistes, des « exé », des concepteurs-rédacteurs, des traducteurs, des spécialistes en mixage son, des régies vidéo, des stylistes photos, des animateurs commerciaux, des illustrateurs, etc., des dizaines de métiers aussi discrets qu'indispensables levèrent donc le pied dans une rare unité. Tous ces soutiers de la pub, ces « petits », ces « sans-grade » et autres laissés-pour-compte des confortables régimes sociaux, ceux dont la galère était souvent l'univers quotidien, les 35 heures une moyenne normale effectuée en à peine trois jours de travail (mais sans compter le reste de la semaine effectué au même rythme) et la précarité le dénominateur commun, tous se joignirent avec une joie mauvaise et l'espoir d'un écho revanchard à un mouvement dont l'issue ne pouvait être pire que leur situation actuelle. Les patrons se plaignaient ? Les agences se plaignaient ? Et eux donc ! Ne rien faire, c'était crever. Autant y aller, et sérieusement même !

La blogosphère fonctionna à plein et le grand déballage fit merveille. Des tarifs circulèrent soudainement, accompagnés de commentaires acides sur la pression des agences et les « milliards de CV en attente » qu'on vous brandissait régulièrement sous le nez lorsqu'on réclamait un peu de compréhension lors des entretiens d'embauche. À leur grand étonnement, les propagandistes du collectif virent les inscriptions se gonfler de milliers de noms issus d'une « France publicitaire en colère » mais dont personne, jusque-là, n'avait jamais entendu parler.

Mais les blogs, les SMS, les sites Web perso, montraient aussi une chose : la passion de tous ces *free-lances* pour leur travail, leur envie de donner le meilleur de leur savoir-faire pour créer des campagnes, des événementiels, des annonces, des packagings, des photos, des illustrations, des jingles toujours plus inventifs, toujours mieux réalisés, toujours plus percutants. Et la vitrine virtuelle qu'ils organisèrent, en grande partie sur le Net, attira à elle seule presque autant de monde que des pubs classiques sur la Toile. Tous ces métiers, mal connus pour la plupart d'entre eux, se firent ainsi, à peu de frais, une publicité du tonnerre.

En deux jours Frédéric avait compris. Avec l'entrée en lice des « Free-lances en colère ! », une deuxième grève, totalement ingérable, celle-là, s'installait dans la première !

Les agences n'étaient pas en reste. D'abord étonnés, puis inquiets, leurs responsables comprirent très vite à leur tour que l'émergence de cette contestation non prévue ne pouvait que renforcer l'impact de leurs propres revendications. À voir ce que quelques lycéens politisés ou peu assidus avaient réussi à déclencher lors des manifs anti-CPE du printemps 2006, rien n'interdisait de penser que cette nouvelle forme de grève provoquerait une surprise et, surtout, un résultat encore plus important.

Les managers informèrent donc leurs troupes de la situation en expliquant que le mouvement était programmé pour ne pas durer plus de quelques jours et que le « signal fort » proclamé par le président de Publicis ne devait cependant pas empêcher le travail de continuer à se faire, car il faudrait « remplir les tuyaux » dès que les plans médias seraient réactivés. C'est sûr, on attendait beaucoup de cette grève pour des rémunérations plus confortables et, dans l'espoir des négociations à venir qui ne manqueraient pas d'impacter ultérieurement les rémunérations individuelles, il fallait montrer qu'on savait rester responsable.

Mais les « Free-lances en colère » n'étaient pas seuls à l'être. Le revendicatif et bouillant collectif avait fait des émules et il trouva un écho inattendu au sein même des agences et même au-delà. La quasi-absence de syndicats dans des structures souvent légères (hormis les grands groupes, encore que ceux-ci fussent souvent éclatés en de multiples cellules spécialisées), en même temps que la multiplicité de ces petites structures, fit prendre conscience aux uns et aux autres que les voix gagneraient à se regrouper pour mieux se faire entendre. Après le *bug*, le *buzz*. Et celui-ci fonctionna à plein.

Quelques milliers de SMS, d'e-mails, de blogs et de coups de téléphone plus tard, un collectif des salariés de la pub déboula sur le terrain des revendications. Initialement baptisé « Fils de pub », il fut rapidement critiqué pour sa connotation sexiste négative et surtout peu respectueuse de la parité. Lui succéda ensuite « Touche pas à ma pub », jugé plus consensuel et valorisant pour la production de ceux qu'il représentait. Mais cette fois-ci, c'était l'aspect revendicatif qui était trop gommé aux yeux de certains, d'autant que la pub allant bientôt disparaître du paysage quotidien pour cause de grève et on aurait bien du mal à y toucher, ce qui était plutôt contradictoire. Finalement, ce fut « La pub en colère » qui fut considérée comme le slogan le plus fédérateur et faisant un bon écho à « Free-lances en colère ». Il présentait en outre l'immense avantage d'interpeller à la fois les pouvoirs publics, les entreprises, les clients, les médias, le grand public et les employeurs de la pub.

Son seul et unique mot d'ordre n'avait pas besoin d'explications. C'était : « On lève le pied ! » Dans des métiers où la moyenne des salaires est parmi les plus basses et les statuts de stagiaires non rémunérés sont monnaie courante, la nouvelle de la grève se répandit comme une boule de neige. Chacun vit très vite que sa participation active au mouvement pouvait lui donner une ampleur sans précédent, car chacun de ces « petits métiers » avait en fait une importance capitale dans la fabrication des actions de communication.

Un petit malin rappela à ce propos sur son *blog comment*, aux États-Unis, à l'automne 2007, que la grève des rédacteurs de scénarios, la Writers Guild of America, avait sérieusement ébranlé les *majors* d'Hollywood et avait failli voler la vedette à Marion Cotillard lors de la remise des Oscars. Après plus de huit semaines de grève, les séries du petit écran, rédigées au fil des audimats locaux, quasiment de la veille pour le lendemain, étaient tombées en panne immédiatement. Même la remise des oscars, à la mi-février, avait été menacée, faute de rédacteurs pour les discours des présentateurs de la cérémonie. À l'issue d'une revalorisation durement négociée et substantielle des tarifs au feuillet qui avait fini par relancer la créativité des « pisseurs de copie », le modèle hollywoodien n'en était pas sorti indemne.

Cela donna aussitôt de bonnes idées à plus d'un et rapidement vint sur la table (virtuelle) des discussions l'exigence d'une rémunération en rapport avec la palette des médias utilisée et du droit à la diffusion. Les plumes des agences, les concepteurs-rédacteurs, mais aussi les illustrateurs, pour ne citer que les plus virulents, ne voyaient pas en effet pourquoi ils ne partageraient pas les bénéfices de la diffusion de leurs œuvres sur les supports numériques : Internet, baladeurs MP3 et autres téléphones portables.

L'appel des managers des agences à ne pas laisser tomber les dossiers en cours pendant la grève pour être au rendez-vous de la reprise « qui ne saurait tarder », se trouva dès lors totalement hors de propos. Dans une profession où la fidélité, sinon la stabilité, n'existe guère et où le turn-over est en revanche parmi les plus élevés, tous ces « petits métiers » se comptèrent et vinrent ajouter leurs revendications aux « soutiers » de l'externe. La liste de leurs impacts respectifs sur les différentes facettes de la production publicitaire avait de quoi donner à réfléchir.

Une régie son en grève, et c'est un jingle qui s'étoufferait. Une « voix » en grève, et c'est un commentaire qui se tairait. Un *roughman* en grève, et c'est un concept qui resterait totalement obscur. Un rédacteur en grève, et c'est une annonce qui resterait illisible. Un photographe en grève, et c'est un casting qui ne servirait à rien. Un retoucheur photo en grève, et c'est un maquillage qui manquerait de modelé. Un styliste en grève, et c'est un décor qui manquerait de réalisme. Une acheteuse d'art en grève, et ce sont des légendes qui resteraient sans photos. Un programmeur HTML en grève, et c'est une page-écran qui ne s'afficherait pas en ligne. Un responsable trafic en grève, et ce sont des dizaines d'ordres qui resteraient bloqués. Un *media planner* en grève, et c'est un calendrier d'insertions qui ne se remplirait pas. Un maquettiste en grève, et c'est une page-écran ou sur papier qui ne serait pas montée. Et un « mag » sans ses pages n'aurait plus qu'à fermer !

Les boîtes de courses, les éclairagistes, les monteurs de PLV, les créateurs de packagings, les régisseurs d'événements, une kyrielle d'autres métiers, tous aussi « petits » que les précédents et qu'irriguait la com', pouvaient s'ajouter à la liste.

Tous les canaux y passèrent. Sur la Toile, toutes les entreprises, toutes les marques, toutes les activités de vente, d'échange, de promotion d'art, de culture, de tourisme qui s'appuyaient pour beaucoup sur la souplesse et sur la réactivité d'Internet, se trouvèrent très rapidement piégées. Des millions de fenêtres publicitaires qui parsemaient tous ces sites (et leur permettaient souvent de vivre) se fermèrent les unes après les autres. Plus grave encore, des agences Web, qu'elles travaillent pour de grandes enseignes ou de petites structures et où les *free-lances* étaient souvent nombreux, vidèrent à distance les contenus chez leurs clients ou stoppèrent sans préavis les téléchargements de mise en ligne. En quelques heures, des centaines d'entreprises se retrouvèrent sourdes, muettes et aveugles avec leurs sites Internet qui affichaient avec un bel ensemble l'imparable et exaspérant message « Erreur 404 ».

Des voyagistes virent ainsi leurs destinations de rêve se transformer en cauchemar. Des mammouths de la distribution virent s'écraser leurs promos. Plus de Caddies à remplir pour les sites de shopping ! *Bugs* en série pour l'informatique ! Dérapage complet pour les marques automobiles ! Appels sans suite pour les opérateurs téléphoniques ! Perdu d'avance pour les sites de jeux ! Mètres carrés divisés pour l'immobilier ! Mégas envolés pour les hébergeurs ! Trains à quai et vols annulés pour les transports ! Rendez-vous manqués pour les sites de rencontres ! Programmes supprimés pour la formation ! Offres taries pour les sites d'emplois ! Reportages sans *people* pour les magazines ! Caviardage total pour les journaux ! Vitrines dégarnies pour les boutiques ! Menus allégés pour les restaurants ! Rideaux baissés pour les spectacles ! Guichets fermés pour les concerts ! Bandes-annonces en débandade pour les cinés ! Son coupé pour les radios ! Images gelées pour les télés !

Pas un secteur n'était épargné. Et trop tard pour comprendre que le modèle économique d'Internet était indissociable de la pub. Dans d'autres secteurs et métiers, le virus de la grève se propagea à une vitesse foudroyante. Les centres d'appels situés en France – heureusement il en restait quelques-uns – déposèrent leurs oreillettes et se turent instantanément tandis que des millions d'appels sonnaient dans le vide.

Des chefs de « fab » chez des gros imprimeurs contemplaient avec stupéfaction leurs rotatives soudainement bloquées faute de plaques offset à y installer. Les plannings d'impression étaient pourtant bien affichés, mais les horaires de calage se décalaient dangereusement. Contactées en catastrophe, les agences annoncèrent la couleur et cette fois-ci, il ne s'agissait, hélas pas de quadri ! Aussitôt, par solidarité, dès qu'ils apprirent le démarrage du mouvement, plusieurs sections syndicales du Livre embrayèrent avec délice une grève illimitée.

Sur les quais des plates-formes logistiques, des camions se virent refuser le débarquement des palettes de produits pour lesquels le matériel promotionnel faisait défaut. Des chefs de rayon se retrouvèrent soudain seuls pour remplir leurs gondoles, en pestant parce que les envoyés des sociétés de promo chargés de le faire ne s'étaient pas pointés à l'heure comme prévu. Dans les allées des grandes surfaces, des animateurs commerciaux, bonimenteurs de misère payés au Smic, déposèrent leurs micros, tandis que ceux qui faisaient la course au kilométrage pour remplir leurs tournées replièrent leurs argumentaires et remballèrent leurs échantillons. Juste en amont, des distributeurs ne comprirent pas (tout de suite) pourquoi les commandes par téléphone ou par e-mails ne tombaient pas comme à l'habitude aux heures de fin de tournées.

Dans les halls d'exposition, des monteurs de stands déposèrent leurs clés pour assembler profilés et cloisons parce qu'un exposant annonçait brutalement son retrait d'un salon où son matériel publicitaire ne serait jamais livré. Et des hôtesses d'accueil, annulées en dernière minute, n'eurent plus qu'à entreprendre un concours de grimaces en guise de sourires.

Dans les salles de rédaction, des secrétaires de rédaction contemplaient avec effroi des chemins de fer[1] où manquaient la plupart des wagons. La cure de minceur qui s'annonçait, faute de pubs pour remplir les pages, ramenait tous les journaux et magazines à la taille de modestes bulletins paroissiaux. Philosophe, un historien du journal *Le Monde* rappela que le quotidien avait été lancé à la Libération sur un simple

1. Plan et découpage d'un magazine permettant d'avoir une vue globale de cohérence et d'enchaînement des sujets.

feuillet recto verso ! Vu les dégâts de la grève, on n'était pas loin de revenir à la formule originelle. Pas de quoi vraiment remonter le moral.

Dans les télés et les radios, des responsables de la programmation se mirent à courir avec un air hébété dans les couloirs en brandissant des liasses de fax d'annulations. D'autres fouillèrent fébrilement dans les réserves de cassettes et dans les piles de disques durs stockées au fond des placards à la recherche d'images et de musiques pour avoir de quoi remplir les « blancs » sur leurs antennes, qui s'allongeaient d'heure en heure.

C'est ainsi que la paralysie se mit à gagner peu à peu tous les membres du système publicitaire national et le patient, qui pensait n'avoir levé qu'un pied, ne fut pas long à comprendre, mais un peu tard, que sa carcasse entière était atteinte.

Chapitre 10

Une journée démoralisante

Trois semaines plus tard, Pierre avait compris. Et avec lui, la France entière. Une France abasourdie, qui contemplait les effets de ce raz-de-marée qui l'avait submergée par surprise, emportant des décennies d'habitudes forgées par la société de consommation et l'atteignant au cœur de son addiction quotidienne aux sollicitations innombrables de la pub.

En sortant de chez lui après le désormais déprimant réveil musical, Pierre jeta un coup d'œil résigné vers le kiosque à journaux qui jouxtait la bouche de métro. « Circulez, y a rien à voir ! » pensa-t-il méchamment à l'attention des autres bipèdes qui pressaient le pas autour de lui.

De fait, dépouillé de la quasi-totalité des couvertures chamarrées plaquées sur ses vantaux ou empilées sur les présentoirs, le petit édicule vert bouteille semblait désormais encombrer inutilement le trottoir. La deuxième semaine, Pierre avait renoncé au bout de trois jours à acheter son quotidien préféré pour meubler sa demi-heure de trajet. C'était idiot, mais sans aucune pub, son canard favori, désormais imprimé tout en noir et blanc, avait pris un côté terriblement rétro, voire nécro. Celui-ci avait en outre perdu pas mal de feuilles et annoncé rapidement à ses « chers lecteurs » que toute augmentation drastique du prix de vente étant exclue dans l'immédiat, il se verrait contraint de suspendre à court terme sa parution. Pierre s'était bien acheté un hebdo, mais là, c'était encore pire. *L'Express* avait une pagination très exactement réduite de moitié, beaucoup de texte, peu de photos, et évidemment pas l'once d'une pub. Déprimant. Dans son édito, Christophe Barbier, le rédacteur en chef, annonçait pareillement aux « chers lecteurs » que « toute augmentation drastique du prix de vente étant exclue... » et qu'il se donnait encore deux numéros avant de suspendre sa parution. Pas vraiment réconfortant. C'était d'ailleurs l'un des rares *news magazines* à tenter de persévérer, la plupart des revues spécialisées s'étant immédiatement retirées du circuit. Un méchant vent d'automne était passé par là, qui avait emporté dans sa tourmente toutes ces feuilles imprimées et colorées qui d'habitude se moquent des saisons et égayent un peu la rue. Même les gratuits avaient disparu de leurs paniers à l'entrée des tourniquets du métro. Seul Vincent Bolloré avec *Direct soir* avait tenté de persévérer, finançant sur ses deniers deux semaines de parutions. Puis, il avait renoncé. Sa position s'avérait complexe. D'un côté, il était mentalement dans une posture, où persévérer était fondamental. Ceux qui, depuis ses prises de participations dans les métiers de la com', le côtoyaient l'avaient tous entendu, un jour, leur expliquer : « Ma relation au temps est différente de celle de beaucoup, le groupe Bolloré a connu des guerres, des révolutions, des querelles de succession et a toujours maintenu le cap des investissements. » Mais d'un autre côté, comment pouvait-il se désolidariser de ce métier dans lequel il avait mis beaucoup d'argent.

Les titres qui en avaient les moyens se retournèrent vite vers le Web où la plupart étaient déjà présents en consultation libre ou partiellement payante. Mais la disparition brutale de la vente d'espace sur le papier n'était pas compensable par la déferlante des bannières et autres *pop up* qui vinrent rapidement encombrer les pages journalistiques. De nombreux annonceurs, malgré les propositions alléchantes provenant de régies étrangères d'achat d'espaces, renoncèrent rapidement à afficher leurs fenêtres plutôt que de se retrouver noyés dans la soudaine et brève inflation publicitaire sur les écrans qui indisposa bientôt plus qu'autre chose des lecteurs pourtant motivés.

Heureusement, d'ailleurs, qu'il y avait Internet. Car la disparition de la plupart des médias nationaux avait provoqué, comme par enchantement, une inflation de sites de médias étrangers à destination du public hexagonal. À défaut de recréer un support des « Français libres », comme aux temps héroïques, les quotidiens francophones européens, bientôt rejoints par des allemands, des espagnols, des italiens – et même Al Jahzeera (qui savait pouvoir toucher la population d'origine arabe) – ouvrirent des sites en français nourris de dépêches de l'AFP, de traductions de leurs propres articles, mais également de contributions de journalistes français contactés à la hâte et pas fâchés de se voir assurer quelques piges bienvenues. La plupart des titres européens étaient présents et de nombreuses publicités pour les marques vendues en France venaient agrémenter leurs pages. Les groupes présents à l'international, qu'ils fussent français ou étrangers, profitant de leurs réseaux, récupérèrent ainsi, *via* leurs agences situées autour de l'Hexagone, une partie de la manne disparue et purent maintenir une certaine présence des marques à l'attention des consommateurs français. Mais cela ne suffisait pas !

Toujours sur le Net, l'explosion des blogs et autres podcasts permettait à tout un chacun de s'exprimer sur l'actualité, quelle qu'en soit la nature : politique, culturelle, sociale. Les uns commentaient la grève pour s'en réjouir ou la déplorer, d'autres faisaient avec un succès certain et beaucoup de compétence du véritable journalisme en se transformant en correspondants locaux de cette presse virtuelle qui se structurait rapidement. Les plus malins (qui devaient certes disposer de temps pour le faire), s'autoproclamèrent ainsi sources d'informations attitrées de leur quartier, puis de leur ville, voire de leur département. Des blogueurs ayant déjà acquis une certaine notoriété et de l'expérience collectaient astucieusement les informations concernant une zone ou un thème donné, recréant, à leur niveau, un véritable service de presse dont la mise en page, l'attractivité et le sérieux n'avaient rien à envier aux supports officiels et momentanément disparus des kiosques et des écrans. La classe politique, mais également des municipalités, toutes sortes d'organismes publics ou privés qui profitaient habituellement des canaux financés par la pub, qu'ils fussent nationaux ou purement locaux, trouvèrent là aussi un exutoire et un formidable outil de remplacement pour communiquer momentanément sur leurs activités. Presse virtuelle plus que presse *underground*, n'était l'absence de papier qui empêchait évidemment de nombreux lecteurs d'y avoir accès – outre la contrainte de se trouver devant un écran – elle remplissait son office tout comme une autre.

Beaucoup s'aperçurent à cette occasion que la disparition du média popularisé par Gutenberg n'était finalement pas si dramatique. Les vrais journaux pouvaient avoir du souci à se faire pour l'avenir. Paradoxalement, jamais la France, intrinsèquement si individualiste, n'avait vu ses citoyens tant communiquer entre eux et la « débrouille » nationale vérifier, une fois, qu'elle n'était pas un vain mot.

Après être sorti de chez lui, Pierre dépassa une rangée de bornes de Vélib' laissée à l'abandon. Cela faisait huit jours que les camionnettes rutilantes J.-C. Decaux ne passaient plus pour nettoyer les potelets et remplacer les deux-roues abîmés. Trois bicyclettes en tout et pour tout y restaient accrochées, ou plutôt drôlement entortillées autour de leur borne. Sans doute des candidats à la location d'un Vélib' qui, de rage de ne pouvoir emprunter un véhicule disponible ou de s'être fait refuser un paiement (faute d'entretien, la totalité des bornes parisiennes était devenue inutilisable), avaient dû consciencieusement se venger à grands coups de lattes sur feu les élégants cycles gris perle. Avec quelques paniers arrachés et autres accessoires qui jonchaient le sol, le spectacle faisait étrangement penser à un dépôt sauvage en pleine rue, en attente de ramassage par les camionnettes municipales des « gros enlèvements ». En plein XVe arrondissement, ça faisait un peu sordide.

Son moral s'enfonça d'un degré supplémentaire, quelques secondes après, lorsqu'il s'engouffra dans le métro. En fait, Pierre s'amusa presque de la tête des gens autour de lui. Pas à dire : eux aussi faisaient grise mine. Et il y avait de quoi.

Du jour au lendemain, les 297 stations du métro parisien, tout comme les couloirs, les entrées et les sorties s'étaient transformés en paradis des « anti-pub ». Plus une affiche sur les quais, plus rien dans les caissons lumineux, désormais vides et éteints. Ne restait que la signalétique de base pour relever l'atonie brutale des couleurs du réseau. À croire que la RATP avait « délooké » toutes ses stations en vue d'une reconstitution en vraie grandeur des années noires du Paris occupé à la manière du film *Le Dernier Métro* de François Truffaut. Pierre n'aurait pas été surpris de voir surgir de vieilles rames bruyantes aux sièges de bois avec le wagon rouge de première classe au milieu et quelques uniformes vert-de-gris en descendre.

Pierre se fit d'ailleurs la remarque avec ironie que si les tenues de la RATP avaient justement remis le vert-de-gris à l'honneur (la casquette plate en moins), on en voyait encore moins que d'habitude. Comme s'ils se sentaient un peu coupables de la situation, les employés du métro, déjà peu nombreux et peu visibles dans les stations en temps normal (avant la grève, on pouvait traverser tout Paris dans le métropolitain sans croiser un seul de leurs uniformes passe-muraille), s'étaient claquemurés un peu plus derrière leurs comptoirs à vitrage renforcé. La sinistre ambiance des couloirs et des quais ne les poussait certes pas à aller affronter les demandes d'explication de la part d'usagers agressifs.

Le seul point positif qu'il avait noté depuis le début de la grève était la réduction de la quantité de papiers jetés à terre ou débordant des corbeilles suspendues. *20 Minutes*, *Métro*, *À Nous Paris*, les gratuits distribués quotidiennement avaient pris la tangente et cela faisait d'autant moins de papier à ramasser. Mais comme les feuilles des quotidiens et hebdos payants s'étaient elles aussi envolées, si la propreté y avait gagné quelques points, ça faisait un sacré paquet de lectures en moins pour patienter sur les quais ou dans les wagons. Le moral des usagers finissait par en prendre un coup.

Généralement placides face à la diversité des spectacles et situations les plus extravagants auxquels il leur était souvent difficile d'échapper dans l'un des réseaux les plus denses du monde, ceux-ci avaient d'abord bien encaissé. Mais, passées les premières réactions de stupéfaction et d'anxiété des uns, les ricanements des autres, cette dégradation du décor qui augmentait un peu plus chaque jour finissait par peser. À raison d'une dizaine d'affiches de 4 mètres sur 3 par quai, sans compter les kilomètres de couloirs, les milliers de mètres carrés de panneaux atrocement surchargés qui jalonnaient désormais les déplacements n'avaient rien pour remonter le moral.

La nature ayant horreur du vide, des commentaires, des graffitis et des tags avaient en effet rapidement recouvert à hauteur d'homme toutes ces surfaces neutres ainsi offertes à l'inspiration des franciliens. Même Jack Lang – qui les avait qualifiés « d'œuvres d'art » un jour que des tagueurs avaient maculé une station du métro parisien – n'aurait pu convaincre à présent quiconque que l'esthétique y gagnait quoique ce soit. Comble de malchance : si les quais et les wagons étaient entretenus par les sociétés de nettoyage prestataires de la RATP, les panneaux d'affichage étaient du ressort des afficheurs. Et ceux-là étaient en grève. Pierre avait d'ailleurs rappelé à Victoire – qui ressortait le moral dans les baskets chaque fois qu'elle empruntait une ligne – que la meilleure solution pour se passer de pub dans le métro était encore le bon vieux style stalinien tel qu'on pouvait l'admirer dans le réseau moscovite : marbre et fresques édifiantes dans toutes les stations !

Embarqué dans ses souvenirs du film *Le Dernier Métro*, Pierre s'appliqua à focaliser ses pensées vers la somptueuse Catherine Deneuve goulûment culbutée par Gérard Depardieu et passa ainsi plus agréablement les quelques arrêts qui l'amenaient à destination.

Une dizaine d'heures plus tard, en sortant du métro toujours aussi démoralisant, avec la soirée qui s'annonçait, la chape de grisaille de la rue lui parut encore plus visible qu'au matin. La disparition de l'affichage de rue avait suffi à affadir les couleurs des villes, comme si les teintes les plus vives s'étaient effacées d'une palette d'habitude si bigarrée qu'on ne la remarquait même plus.

Depuis le démarrage de la grève, aucune campagne d'affichage n'avait été renouvelée. Sur les 4×3 traditionnels, un méchant papier marron-gris remplaçait désormais le kaléidoscope des offsets grand format. Partout, le mobilier urbain était devenu muet. Le soir, c'était particulièrement sinistre. Plus aucune tonalité colorée n'animait les Abribus ou les « sucettes » Decaux lumineuses, désormais éclairés d'un blanc sale. Les grands caissons déroulants étaient bloqués sur leurs tubes néons que ne cachait plus aucune affiche et puisqu'il n'y avait plus rien à éclairer, ils restaient éteints et se dressaient comme d'absurdes et inutiles totems. Les colonnes Morris jouaient les effeuillées et Pierre trouva même que les bus, qui n'affichaient plus que la nudité de leurs flancs et de leurs arrières, roulaient presque honteusement.

En quelques heures, de jour comme de nuit, en surface comme en sous-sol, la « ville lumière » avait pris un sérieux coup de gris. Hormis la circulation automobile toujours aussi dense et des vitrines encore remplies et chatoyantes (pour combien de temps encore ?), un sale petit air soviétique s'était vicieusement plaqué sur le décor de la capitale.

Le week-end dernier, Pierre était parti avec Victoire déjeuner chez des amis en Normandie pour respirer un grand coup et décompresser par quelques heures de bord de mer. En revenant par les petites routes, il avait davantage pris conscience de l'ampleur des dégâts. Les abords des zones commerciales ressemblaient avec leurs multitudes de structures métalliques de panneaux, dépouillés de leur affichage, à des fantômes d'usines désaffectées, assez angoissantes à la tombée de la nuit. Effectivement, plus une seule affiche à l'entrée des villes et des villages, hormis celles que l'on ne remplace jamais et dont les couleurs s'estompent un peu plus chaque année qu'on repasse devant, à l'image des vieilles affiches pour les machines à coudre Singer qu'on voit encore sur des hangars, quarante ans plus tard. Sûr que la campagne ne s'en portait pas plus mal. Les affiches aux couleurs criardes vantant agressivement le *discount* en pleine nature l'avaient toujours exaspéré et les petits bourgs retrouvaient un peu de sérénité visuelle, sinon leur authenticité d'origine. Mais les dizaines de panneaux désormais dépouillés dressés au bord des routes n'apportaient en contrepoint aucune élégance supplémentaire. Leur nombre attestait d'ailleurs que le paysage en avait été mité au-delà du raisonnable. Ces routes sans affiches lui rappelaient étrangement une virée en « Deux Pattes », il y avait près de trente ans, derrière le rideau de fer, sur les routes de Pologne. Jolies, mais tristounettes.

Pour le prochain week-end, le choix était maigre. Pas question de se « faire une toile » avec Victoire. Les distributeurs de films, désormais privés d'annonces par tous les médias, avaient suspendu la diffusion des copies dans les réseaux, trop peu assurés que les spectateurs s'engouffreraient à l'aveuglette dans les salles obscures.

À Paris, « la plus belle avenue du monde » avait perdu d'un coup une bonne part de son attrait, au propre comme au figuré. Les promeneurs, l'air égaré, privés de leur boussole salvatrice que sont les guides des spectacles (éditions suspendues), levaient des yeux incrédules vers les frontons dépouillés des complexes multisalles fermés pour cause de relâche. Tout comme de nombreux théâtres qui avaient vu chuter brutalement leur fréquentation. Du jamais vu ! Et pour ajouter à la sinistrose ambiante, l'absence de toute publicité pour les spectacles, outre qu'elle provoquait de nombreuses interruptions dans les programmations, faute de spectateurs, avait immédiatement retenti sur les réservations de voyages. Les Grands Boulevards, le quartier des grands magasins, Pigalle, les Champs-Élysées, la place d'Italie, sans leurs néons, sans leurs affiches, c'était comme Piccadilly Circus ou Broadway sans leurs kilowatts généreusement allumés jour et nuit. La capitale, l'une des premières destinations touristiques au monde, que ni l'embrasement des banlieues à l'automne 2005, ni les grèves contre le CPE deux ans plus tôt n'avaient réussi à sérieusement ébranler, vit ainsi sa réputation gravement dépréciée et sa fréquentation irrémédiablement dégradée par la défection de la pub, sa meilleure alliée.

Chapitre 11

Chronique d'une rupture annoncée

Ce matin, il est tard quand Nathalie arrive au bureau et installe le nouveau casque sans fil qu'elle vient d'acheter pour son iPod. Pourquoi les boutiques n'ouvrent-elles qu'à 10 heures ? Enfin, heureusement qu'elle y est allée aujourd'hui, il n'en restait plus que deux. Les systèmes alternatifs se sont mis en route, je ne suis visiblement pas la seule à podcaster les infos à l'étranger et à sortir de mon isolement en écoutant de la musique, pense-t-elle. Le casque sur les oreilles, elle consulte sa recherche de flux RSS curieuse de savoir ce que vont raconter ce matin les journaux étranger qui se déchaînent depuis le début de la grève. Un titre, « Chronique d'une rupture annoncée », attire son attention. Alors qu'elle s'apprête à lire, Estelle qu'elle n'a pas entendue arriver, casque oblige, entre dans le bureau pour lui dire bonjour. « Tiens, tu tombes bien, j'ai un truc à te lire. » Alors qu'elle s'installe dans le fauteuil face au bureau, Nathalie commence la narration de l'article : « La fronde française a trouvé sa source au sein des agences de publicité qui n'en pouvaient plus d'être, selon les propos même de collaborateurs que nous avons interviewés, “achetés comme des boulons, pressés comme des citrons”, considérés comme des “porteurs de maquettes” sur lesquels certains clients déversent des “sacs de vomi”. Soudainement, certains ont décidé qu’on allait enfin voir ce qu’on allait voir. La pub, cette mal-aimée de l’économie, allait lancer une campagne qui ferait du bruit dans le Landerneau. “On a décidé de plus se mettre en quatre pour les clients, de plus baisser la culotte pour conserver les budgets, de plus faire des heures sup pour livrer à temps des docs demandés toujours, allez savoir pourquoi, en urgence, ni de nous contenter d’encouragements verbeux qui se veulent gratifiant pour tout dédommagement après une compétition perdue” nous raconte un directeur de planning stratégique.

Et de poursuivre. “Finis le profil bas et la honte de travailler dans une profession à côté de laquelle le plus vieux métier du monde fait presque figure de prestigieuse et délicate occupation ! Depuis le temps où Jacques Séguéla a tenté de lui redonner ses lettres de noblesse[1], la pub subit trop d’avanies pour se contenter de faire le gros dos et de border la voile encore et encore. Les premières agressions contre elle avaient même commencé. Certes, ça n’a été que pour s’en prendre à l’affichage en plein centre de Paris, à l’automne 2005, ou à la distribution des prospectus publicitaires, quelques jours plus tard. Mais la hargne des anti-pub qui crient haro sur la publicité, rejoignent sournoisement celles d’autres cohortes – les anti-OGM, les anti-mondialisation, les anti-libéralisme (c’est souvent les mêmes), les anti-nucléaire, les anti-capitalistes (le nouveau mouvement politique lancé par Olivier Besancenot),

1. *Ne dîtes pas à ma mère que je suis dans la publicité, elle me croit pianiste dans un bordel*, Flammarion, 1979.

les anti-tout – qui prétendent rageusement vouloir tout simplement la fin de la société de consommation et appellent à la décroissance économique ! Ceux-là sont des excités et leurs vieilles lunes sentent un peu trop la naphtaline soixante-huitarde. Mais la propension bien connue des médias à donner un écho toujours complaisant à toutes ces actions de transgression, voire agressions, contribue lentement mais sûrement à associer la publicité aux effets pervers de cette "abominable mondialisation" dénoncée par tant de politiques et d'âmes bien pensantes." »

— Il y va fort le mec, tu penses que c'est qui ? demande Estelle.
— Ils sont nombreux à pouvoir tenir ce genre de discours, mais celui-ci s'exprime particulièrement bien. Continue à ma place, on verra plus loin si on trouve des indices, répond Nathalie en ouvrant la porte vitrée de son bureau et en s'installant à mi-corps à l'extérieur pour allumer l'énième clope de sa matinée.

« C'est le journaliste qui reprend », dit Estelle qui n'a qu'une idée : savoir qui s'est exprimé et ne veut pas trop brouiller les cartes. Évidemment elle se doute que Nath a trouvé et fait durer le plaisir : « Plus grave, sans doute, est la mutation des consommateurs eux-mêmes, dont la défiance envers la pub est montée crescendo. La "crise de fidélité" analysée par les instituts de sondages et par une agence indépendante appelée Australie est, selon leurs dires, une réalité. Les ruptures technologiques ne font qu'amplifier le mouvement. L'irrésistible montée en puissance d'Internet, des blogs, des iPods, des podcasts, des SMS, des sites communautaires ou réseaux sociaux comme MySpace ou Facebook, du binôme communication-mobilité sous toutes ses formes confère désormais aux consommateurs un formidable pouvoir : celui de faire ou de défaire, en temps réel, la réputation d'une marque, d'un produit ou d'un service.

Pour juger de la qualité d'un produit, comparer les prix, s'enquérir d'un mode d'emploi ou, plus encore, développer son propre commerce en ligne à l'écart des circuits traditionnels, chaque consommateur devient *de facto* son propre annonceur et son propre publicitaire en même temps qu'il peut devenir un marché à lui seul ! “Il va falloir renouer le contrat de confiance qui a largement été laissé en déshérence en allant rechercher le consommateur là où il se trouve, c'est-à-dire partout, puisqu'il n'arrête pas de bouger”, nous explique le patron d'une *web agency*. “Et comme on possède maintenant les bons tuyaux pour y arriver, il suffit pour cela d'exploiter à fond les nouveaux outils du nomadisme et toute la panoplie des objets communicants afin de récréer du lien en le fondant sur la convivialité la plus individualisée possible.” »

— Et lui, tu imagines qui ? reprend Estelle, bien décidée à pousser Nathalie dans ses retranchements.

— Tu me fatigues, continue.

« “Vaste programme, qui exige une remise en cause radicale des schémas traditionnels de communication et dont les premiers résultats étaient très encourageants. Mais à condition qu'on remplisse les tuyaux avec les bons contenus. Tout le monde dans le *business* l'a compris : du voyage sur mesure, boissons comprises ou en demi-pension avec le siège d'avion à droite près du hublot, à la comparaison entre le “bleu orage” et le “gris platine” pour la nouvelle voiture, en passant par le changement de placards pour la cuisine avec poignées à droite ou poignées à gauche. La communication publicitaire a atteint un niveau d'individualisation extrême où le consommateur est acteur à part entière.” »

— Moi, je trouve qu'ils devraient mettre les noms insiste Estelle. Bon c'est le journaliste qui reprend la main maintenant : « Internet, pour citer le plus connu des nouveaux médias, a fait une entrée fracassante dans les investissements publicitaires avec un taux de croissance près de cinq fois supérieur à celui de tous les autres médias, même si les investissements restent globalement faibles comparés à la télévision. En revanche ils rejoignent ceux de la radio. En croisant les informations générées par ces millions de contacts quotidiens, les bases de données ont littéralement explosé et le *data-mining*[1] constitue une caverne d'Ali Baba qui ne cessera de s'enrichir au fil des clics.

En outre, Internet offre une réactivité sans commune mesure avec la télévision ou la radio, grâce à sa capacité à enregistrer en temps réel les réactions des consommateurs visés à l'impact d'un message. Un peu comme une gigantesque caisse enregistreuse qui scannerait en temps réel le panier de la ménagère à l'article près. La créativité y a fort heureusement trouvé son compte. Le *co-branding*, le marketing relationnel systématique, le mélange des genres entre le gratuit et le payant, le détournement de sens, la création d'événementiels virtuels et multimédias avec le renfort de consommateurs eux-mêmes appelés à devenir acteurs des stratégies les plus débridées *via* la blogosphère et *via* la galaxie des millions d'images et de SMS envoyés par les portables et sur le Web ou, mieux encore, invités à relayer et enrichir eux-mêmes la mise en scène de

1. Le *data-mining* est un processus permettant de transformer en information et en connaissance de grands volumes de données. Il sert entre autres à analyser et à prédire les comportements des consommateurs, par exemple détecter la probabilité qu'un client a de quitter son fournisseur (sa banque, son opérateur de téléphonie mobile).

l'événement, tout cela annonce assurément un nouvel âge d'or pour la publicité si celle-ci sait gérer la révolution de son métier.

Mais rien n'est gagné, car la course ne s'arrête plus. Les stratégies doivent sans cesse multiplier les registres, mixer les médias, relancer les initiatives, pour capter l'attention de millions de consommateurs toujours plus uniques, toujours plus mobiles, toujours plus exigeants et bien davantage méfiants. C'est d'autant moins gagné que les relations entre les agences et les annonceurs n'ont pas évolué au même rythme, loin s'en faut ! Les planètes des uns et des autres ne cessent de se faire de l'ombre dans le ciel de la communication et les récriminations réciproques décalent sans arrêt des orbites qui gagneraient à être plus harmonieuses. “Les annonceurs affichent des logiques disparates où l'entreprise, la marque et le client final se disputent la place centrale”, nous explique la spécialiste française de la relation entre les agences et leurs clients. »

— T'as été interviewée ? questionne Estelle. T'aurais pu nous le dire.

— Les salauds ! s'insurge Nathalie. J'ai un mec qui m'a appelée en me disant qu'il appartenait à l'ANA[1] et travaillait sur un papier pour leur lettre interne. Donc j'ai répondu. Ils vont me le payer. Continue que je vois ce qu'il me fait dire.

— « Les uns privilégient la communication d'entreprise avec son cortège d'actions institutionnelles (les plus flatteuses pour les ego de beaucoup de P-DG). D'autres ne jurent que par la communication commerciale et ses actions bien

1. ANA : Association of National Advertisers. Groupement des annonceurs américains comprenant 400 compagnies et 9 000 marques dépensant collectivement 100 milliards de dollars en marketing, communication et publicité.

calibrées de pub et de promo, dans l'objectif de vendre et uniquement vendre. Évidemment, l'engouement des jeunes chefs de produits, nés avec un ordinateur dans la tête, amènent certains d'entre eux à jouer les apprentis sorciers en faisant des choix "tout digital" qui peuvent s'avérer hasardeux et dangereux. Vis-à-vis des métiers de la communication, les uns souhaitent garder la main en choisissant des agences en fonction de leur excellence dans une expertise (pub, relations publiques, événementiel, digital), convaincus que "celui qui veut tout faire, ne sait rien faire", et tiennent à s'entourer de multiples prestataires, divisant ainsi pour mieux régner et imposer leurs conditions.

D'autres, au contraire, adeptes du 360° et de l'intégration poussée, recherchent, mais selon leurs dires, souvent sans trop de succès, l'interlocuteur unique, le mouton à cinq pattes capable de répondre à leurs besoins. La dispersion et le nombre des prestataires constituent d'ailleurs un handicap majeur pour la cohérence de la communication des entreprises. Mais celles-ci sont souvent elles-mêmes à l'origine du problème puisqu'elles mettent généralement face à l'agence ou aux agences une multitude d'interlocuteurs, pas toujours décideurs au final, entre les services achats, marketing, ventes, communication, etc. Une situation quasi généralisée que favorisaient leur organisation pyramidale et leur fonctionnement en "silo". Dans ce contexte, les agences ont beau jeu de dénoncer à leur tour la dispersion, l'absence de cohérence et leur difficulté à produire des stratégies et des actions qui satisfassent autant de demandes non concertées sur des objectifs parfois antagonistes. La question que l'on a envie de poser : où est le fil rouge ? Quel est le fil conducteur ? » précise le journaliste. Dis donc, il y va fort remarque Estelle.

— Je suis folle de rage ! Continue s'il te plaît, lui demande Nathalie qui écrase rageusement sa cigarette et vient reprendre sa place devant son bureau, attrapant machinalement un crayon.

— « Un spécialiste du conseil en choix d'agences nous a expliqué qu'au sein des agences l'héliocentrisme de la marque n'est guère remis en cause, mais des divergences sont également nombreuses quant au rôle même du métier de publicitaire. Est-ce la marque ou l'entreprise qui doivent communiquer ? Pour les uns, il faut avant tout affirmer la primauté de l'entreprise en faisant vivre et en énonçant clairement la politique de celle-ci sur son marché et dans son environnement grâce au *corporate*. Pour les autres, c'est la publicité médias qui reste le siège de la construction identitaire de la marque. Elle seule a le pouvoir de dégager les clefs de séduction pour les clients et les prospects. Les derniers, enfin, ne veulent entendre parler que de la relation entre le consommateur et la marque *via* les techniques d'activation et de relation qu'elles soient réelles ou virtuelles puisque ce sont les seules aptes, selon eux, à apporter des preuves concrètes de l'attachement du consommateur à une marque. Ainsi, le *corporate*, la publicité, le digital, les marketing services, l'influence, l'activation, autant de mots barbares, semblent-ils s'articuler autour de logiques différentes, difficilement compréhensibles par le commun des mortels, alors même que la fin de l'étanchéité entre les métiers s'avère chaque jour plus nécessaire en raison de la multiplicité des tuyaux et de la complémentarité de leurs contenus », ponctue le rédacteur de l'article, avant de reprendre la suite de son interview.

« Si l'agence média se spécialise dans le conseil média au motif qu'elle le fait mieux que l'agence de pub, l'agence de pub, orpheline de l'achat média qui lui a échappé depuis la loi Sapin, se lance alors dans le marketing opérationnel et l'Internet, mais n'y excelle pas autant qu'elle le souhaite. Enfin, l'agence de marketing services aimerait tout faire, tous les canaux existants pour toucher le consommateur étant autant de médias. Sans oublier les agences Web, nouvelles venues, qui bénéficient d'un crédit lié au prestige de la maîtrise de savoirs auxquels les clients ne comprennent rien ! Difficile, dans ce contexte, de faire admettre à chacun qu'il devait se spécialiser dans ce qu'il faisait de mieux. D'ailleurs, les grands groupes de communication y ont-ils intérêt ? souligne le perfide journaliste. N'a-t-on pas entendu un des patrons d'agence les plus respectés de la place nous expliquer un jour : "Ce qui dicte toute cette organisation en structures distinctes par métiers, c'est la problématique économique des agences, ce n'est pas la bonne volonté. Si les *business units*, les silos, sont nés dans les agences, c'est par nécessité. Pour des raisons strictement économiques et non pas, ou très peu, pour donner une meilleure réponse aux annonceurs. La vérité est qu'après la loi Sapin et la suppression des 15 % sur l'achat d'espaces, il fallait trouver une solution pour augmenter les marges, mettre plusieurs caisses aux supermarchés plutôt qu'une." » Qui a pu dire ça, demande Estelle ?

— Je n'en sais rien, répond Nathalie. Mais à la place des organisations professionnelles, je ne serais pas heureuse d'entendre ça. On a l'impression que ce salopard ne veut qu'une chose, mettre de l'huile sur le feu sous prétexte de faire la genèse de l'histoire. Allez, poursuis !

— « Lisibilité et coordination constituent l'un des nœuds de l'incompréhension qui affecte la relation entre agences et annonceurs. Même si, globalement, chacun ressent profondément que l'enjeu se situe désormais au niveau des médias au sens large, appelés à jouer un rôle clé dans la relation au consommateur. Jacques Séguéla a synthétisé les choses dans une des formules à l'emporte-pièce, dont il a le secret : “Les médias seront au XXIe siècle ce que la création avait été au XXe siècle : le moteur de la pub.” Il apparaît donc, au final, qu'on est passé en un éclair de la société de communication à une société de relation, nécessitant de savoir initier une conversation avec “tous ces gens-là”, entendez les insaisissables consommateurs multifacettes du XXIe siècle, surtout ceux nés après 1990. »

— Attends, il te refait parler, s'exclame Estelle en reprenant. « Toujours selon notre experte de la relation agence annonceurs : “Personne n'est dupe et l'avenir repose dans la capacité des acteurs à faire aller dans le même sens des organisations complexes, dans des systèmes complexes et non à s'ignorer ou à tirer, éventuellement de façon très schizophrénique, sans le savoir dans des sens différents. De manière logique, la transversalité des métiers devrait être le fluidifiant indispensable pour faire fonctionner l'ensemble. Mais entre les attentes des uns et les moyens des autres, on en est encore loin !” Ce débat, théorique en apparence, semble affleurer en permanence dans les contacts commerciaux. Il trouve notamment son prolongement concret dans l'évaluation des agences par les annonceurs. Si les exigences semblent légitimes, les écarts d'appréciation n'apparaissent pas minces. Et comme ces écarts s'évaluent justement en termes de rémunération, l'incompréhension s'ajoute à la rancœur. Deux mondes sont obligés de fonctionner ensemble, l'entreprise et la publicité, aussi utiles l'un à l'autre que partageant la même motivation pour promouvoir la création de richesse dans une société démocratique. Ces deux mondes font preuve d'une incapacité désespérante pour s'entendre sur la définition même de leur monnaie d'échange.

L'entreprise attend de la créativité de la publicité une efficacité commerciale accrue, toutes actions confondues. En corollaire, elle exige à la fois souplesse et rigueur dans la relation afin que rien ne vienne entraver sa mission stratégique. Or le mode de fonctionnement cartésien et pyramidal de l'entreprise s'accorde mal avec celui plus transversal et interactif de la publicité. Là où l'entreprise exige un relevé d'heures, la publicité répond "valeur de l'idée" ! Incompréhension. La publicité attend de l'entreprise que celle-ci reconnaisse la primauté de la création dans le processus publicitaire. Mais la pression des achats et leur logique du moins-disant lui contestent la légitimité même de la seule rémunération qui justifie le bien-fondé de son savoir-faire : les droits d'auteur. Rancœur. »

Ben dis donc, tu causes bien, comme on dit dans ma Normandie natale. Mais dis-moi, si c'est le mec qui s'est fait passer pour un journaliste interne de l'ANA, tu l'as eu en anglais ta conversation avec lui. Respect chef, vous nagez bien chef, s'exclame Estelle dans un de ces éclats de rire magistraux dont elle a le secret et qui enchantent à chaque fois tout le bureau.

— Pétasse ! se contente de répondre Nathalie amusée, en attrapant son paquet de cigarettes et en se dirigeant vers la fenêtre.

— Ouf ! On arrive au bout, c'est le mec qui conclut, réplique Estelle. « La pub française a donc décidé que le petit jeu du chat et de la souris avait assez duré. La dimension internationale des grandes agences ne laissant plus de choix. Pour les plus petites, leur rôle est nié, dévalorisé, foulé aux pieds ? Tant pis pour tous ! Il y a le feu à la maison ! Trop tard pour atermoyer ! À l'autisme incorrigible autant que pervers dont l'entreprise et les pouvoirs publics font preuve à ses yeux, la pub a décidé de répondre par une attitude identique. Elle s'est mis *off* sur tous les canaux ! »

Nathalie était atterrée. Si sur le fond le journaliste n'avait pas tort et son papier était bien documenté, il n'en restait pas moins qu'il lui faisait dire des choses qui la dérangeaient. Depuis le début de la grève, les appels lui demandant d'expliquer, d'être médiateur, accompagnateur étaient incessants et elle tenait à garder la distance nécessaire à toute objectivité. Et là on la faisait entrer dans l'arène, sans l'avoir prévenue, vraiment elle n'aimait pas.
Estelle qui a compris s'éclipse discrètement, il vaut mieux ne pas être dans les parages si le choc des nuages du ciel professionnel de la patronne produit, ce qui est probable, une nuée d'éclairs. Toutefois elle jubile, il est clair qu'à l'Élysée le service de veille Internet a ou va communiquer au Président ce papier qui va dans le sens de ce qu'elle et ses coéquipiers lui ont expliqué. Même à 24 ans, on peut caresser l'espoir d'entrer dans l'histoire.

Chapitre 12

Un maire en colère

Bertrand Delanoë ne décolérait pas. Avec la grève, l'une des réalisations phares de sa première mandature, la quintessence de la volonté écologique de son équipe municipale, plus spectaculaire encore que le retour du bon vieux tramway sur les boulevards des Maréchaux, le Vélib' soi-même se révélait soudain une formidable contre-publicité. Croisant Denis Baupin, « Monsieur Vélo », un élu Vert et son ancien adjoint aux transports désormais affecté au développement durable, il ne put se retenir :

— Ton Decaux nous a foutus dedans ! C'est un traître, un déserteur, un roublard ! Il nous laisse en plan et il n'en a rien à f... ! Il ose nous faire ça, à Paris. Mais il est dingue ou quoi ?

— Mais Bertrand, tu sais bien qu'on n'y peut rien. C'est dans le contrat. Ses bécanes, il les met à notre disposition et il nous les entretient par ses contrats publicitaires. Comme il m'a dit, ça fait près d'un mois que tout est suspendu et qu'il ne touche plus rien. Et je te laisse imaginer. Le Decaux, il n'a plus une affiche à coller dans tout l'Hexagone.

> Heureusement qu'il a l'international qui lui sauve la mise, parce qu'ici, il boit le bouillon. Plus un rond. Et comme il ne peut plus payer ses gars, il ne rince plus ses Abribus et pour les bécanes, tu penses, il a été obligé de laisser filer.

Pour le maire de Paris, toujours impeccablement mis et aussi soucieux de son aspect extérieur que de celui des rues de sa ville, c'en était trop. Depuis plus d'une semaine, déjà, les 1 500 bornes de Vélib' de la capitale n'étaient plus entretenues, non plus que la vingtaine de milliers de vélos qui s'y raccrochaient en temps normal. Résultat, on ne comptait plus les bicyclettes déglinguées abandonnées sur les trottoirs, tandis que des milliers d'entre elles roulaient désormais gratuitement ou avaient tout simplement disparu, leurs utilisateurs ne voyant aucun intérêt à les rapporter à leurs ports d'attache qui, de toute façon, ne fonctionnaient plus. La honte. Même si à Lyon, pionnière en la matière, à Marseille ou encore à Toulouse, la situation était la même, c'était vers Paris, la vitrine mondiale, que tous les regards se tournaient. Il n'en dormait plus. Pour l'initiateur de la fameuse « Nuit blanche » annuelle, c'était insomnie garantie tous les soirs.

Il avait aussi un peu mauvaise conscience, mais ça, il ne pouvait pas l'avouer à Denis Baupin. Quarante-huit heures auparavant, il avait essuyé une engueulade magistrale qui était parvenue aux oreilles de Françoise de Panafieu – la « Panaf' » –, laquelle en amplifiait complaisamment l'écho autant qu'elle le pouvait dans les couloirs de l'Hôtel de ville. Celle-là, il la retenait. L'élue du XVIIe arrondissement avait beau jeu de jouer les étonnées compatissantes et désolées. Au prochain conseil municipal, il ne manquerait pas de lui rappeler qu'avec son opposition de droite, en novembre 2007, elle s'était carrément abstenue lors du vote de la commission des sites qui avait posé les bases du nouveau « Plan d'affichage pour Paris ». À hypocrite, hypocrite et demie pensa-t-il douloureusement !

La veille, donc, après qu'il eut stigmatisé sur les ondes radio et à la télé ces « publicitaires indignes » qui ravilissaient l'image de Paris par « cette grève d'un autre âge » (*sic*) avec tous ces panneaux que la ville avait mis à leur disposition et qui restaient « scandaleusement vides » de leur fait, il avait été appelé par Stéphane Dottelonde, président de l'Union de la publicité extérieure (UPE).

« Hypocrite ! lui avait en effet lancé d'emblée son interlocuteur. Vous osez vous plaindre et nous faire des reproches. Mais c'est vous qui avez la mémoire scandaleusement courte, monsieur le maire. Avec votre “Plan d'affichage pour Paris”, vous nous avez bien fichus dedans ! Vous nous avez supprimé 100 % du micro-affichage sur les vitrines des boutiques, vous nous avez rabioté plus de la moitié des 4×3 en intra-muros, plus de 70 % des panneaux lumineux, qu'en plus on doit éteindre de minuit à 7 heures du matin, alors qu'à Paris, comme dans toute capitale digne de ce nom, on sort de plus en plus tard. Même la RATP a accepté de faire du rab, les soirs de week-end. Mais avec vous, ce sera coucouche-panier à 22 h 30, à ce tarif-là. Que voulez-vous ? Entre vos “Paris-Plage” et vos “Nuits blanches”, vous avez décidé de laisser un peu de repos aux Parisiens ! Eh bien, vos nuits, elles sont juste un peu plus noires que prévu. C'est le Petit Prince Delanoë qui s'amuse à jouer les éteigneurs de réverbères, en quelque sorte. Et tant pis pour la Ville lumière ! »

« Plus sérieusement, monsieur le maire, vous avez lésé tout le monde : les gens de la pub pour commencer, mais des centaines de petits annonceurs culturels qui pouvaient tout juste s'offrir quelques vitrines et les petits commerçants, qui leur louaient. Vous avez capitulé devant ces démagos de Verts de votre conseil municipal. C'est à eux qu'il faut s'en prendre. Et à vous-même ! Pas à nous ! »

Validé par la commission des sites et voté par le Conseil de Paris en décembre 2007, le nouveau règlement de publicité de Paris avait en effet donné gain de cause à la plupart des amendements des élus Verts soutenus par diverses associations guère enclines à favoriser la publicité : paysage de France, résistance à l'agression publicitaire, etc. L'opposition des professionnels de l'affichage, qui avaient plaidé l'obstacle à la liberté du commerce et de l'industrie, n'y avait rien fait. Ils avaient deux ans pour s'y conformer.

Tout cela était plus que fâcheux. Des commerçants mécontents, des centaines d'emplois menacés, et qui plus est sur le premier marché hexagonal, la ville privée d'une part importante de cette pub qui contribuait tant à son animation visuelle et culturelle (affiches, Vélib', presse, etc.). Cette grève gâchait complètement son bilan et sa propre image. Comment envisager un destin national en 2012 dans de telles conditions ? Encore heureux que tout son conseil municipal unanime se soit prononcé contre la pub sur les flancs des rames. On avait préféré les décorer d'une élégante frise de symboles parisiens. « Cachez cette pub que je ne saurais voir. » Partout dans le monde on faisait le contraire, mais Paris était tellement fier de faire le contraire de tout le monde ! Il est vrai que les rames à poil comme les bus, c'aurait été pire que le reste.

Bertrand Delanoë pouvait à peine se consoler en pensant à quelques villes tenues de droite ou de gauche et qui se trouvaient dans une situation semblable : à Lyon (Decaux, toujours lui), son collègue socialiste, Gérard Collomb, était dans le même pétrin. Trop injuste !

À Bercy, Mme la ministre de l'Économie, des Finances et de l'Emploi ne décolérait pas davantage et refaisait ses comptes, la mise impeccable comme à l'habitude, plus *business woman* que jamais. Elle ne cessait de presser ses adjoints pour qu'on lui proposât au plus vite les correctifs nécessaires et des indices de conjoncture à peu près présentables, afin de pondérer les projections de croissance dramatiques du PIB. La tête de ces messieurs du Minefi s'allongeait en effet au fur et à mesure qu'ils recevaient de l'Insee des batteries de statistiques systématiquement orientées à la baisse : un « indicateur synthétique du climat des affaires » exécrable ; une « opinion des entrepreneurs de services » de même veine ; une chute libre des effectifs dans les « services hors intérim » (tous les métiers liés à la publicité avaient eu recours au chômage technique ou licenciaient à tour de bras) ; une brutale décélération de la demande. Ajouté à l'irrésistible envolée du baril de pétrole et à la polémique récurrente sur le pouvoir d'achat, c'était *too much* !

Chez les fleurons (ou ex-fleurons) nationaux de la puissance publique et de la technologie française, la dépendance à la publicité n'était pas moins imperceptible qu'ailleurs.

Chez France Telecom et surtout chez sa filiale Orange, la plupart des clignotants avaient une fâcheuse tendance à virer au rouge. La moitié du budget pub national en télé, 30 % en affichage, le reste entre presse et radio, l'opérateur était mal en point.

Dès les premiers signes annonciateurs de la grève, Didier Lombard, son P-DG, avait bien tenté de se réconforter avec l'idée que les délais de réservation de ses achats d'espaces, passés à m-2, voire m-3, et confirmés au minimum un mois et demi à l'avance, lui offraient un répit suffisant pour ne pas hypothéquer les campagnes en cours. Mais deux coups de fil à Publicis, chargé des médias, et à l'agence chargée du marketing direct, ne l'avaient pas rassuré. Le « top départ » officiel du mouvement avait quand même été lancé par Maurice Lévy lui-même sur Europe 1 (il ne se souvenait d'ailleurs pas y avoir prêté tellement attention ce jour-là), et on lui avait tranquillement répondu qu'une grève dans la pub, c'était un peu comme pour les trains. Les horaires ont beau être affichés, si le conducteur ne grimpe pas dans sa cabine, le train reste à quai. De plus, en interne, on lui avait respectueusement rappelé que le matériel publicitaire proprement dit, par exemple pour les télés et la radio, n'était fourni que dans les huit derniers jours. La marge des soi-disant délais se rétrécissait dangereusement.

Là-dessus, patatras ! La grève des « Free-lances en colère » dans tous ces nouveaux métiers du Web, pour ne citer qu'eux, s'était diffusée par capillarité jusque dans les services de créa internes, comme justement Orange en avait mis sur pied pour gagner en coût, en créativité et en réactivité (du moins croyait-il). Il avait été l'un des premiers à prendre l'initiative de développer la créa d'Orange en interne, en particulier pour l'édition (il n'arrivait pas à dire le *print*, le faux anglicisme qu'on utilisait à la place) et l'affichage, et de négocier l'achat de papier en direct. Grosse économie, certes, mais risque identique aux autres annonceurs, à présent que la solidarité des grévistes jouait à plein à tous les niveaux, dans toutes les structures, intégrées ou pas.

Bien sûr, les stocks de *print* pour le marketing direct, imprimés et emballés, avaient été mis en place chez les routeurs deux mois avant, comme d'habitude. Mais les routeurs aussi étaient en grève, le plus souvent contre le gré de leurs directions, tout simplement parce que c'étaient tous les rouages et les multiples métiers d'une profession mal connue et souvent dévalorisée qui venaient de prendre conscience de son poids, et donc de sa force.

Heureusement, il avait des munitions. La *web agency* (là, il admettait le terme) aussi avait été intégrée. Une à Paris, pas franchement utilisable pour l'heure, mais surtout une à Londres. Tout n'était pas perdu.

« Opération "Overlord le retour", lança Didier Lombard en concluant sèchement une réunion au siège place d'Alleray, où tous les nez piquaient plus bas que terre (tout le monde ne comprit pas l'allusion historique au débarquement allié de 1944). On rembarque chez les British. Vous m'envoyez chez Orange à Londres une équipe francophone avec ses programmes et ses fichiers. Les Anglais leur font de la place et basculent tout sur leurs serveurs. Vous me réaffichez Orange sur le Web national en moins de huit jours ! »

Puis, continuant sur sa lancée : « Opération "Reconquête" ! (Ça, tout le monde comprit.) Mobilisation des 700 boutiques Orange et des 11 agences entreprises. Je veux tout le monde sur le pont. Ou plutôt sur la route pour les entreprises, et au téléphone pour les boutiques. Et dans les boutiques, à l'accueil 7 jours sur 7 ! Idem dans les centres d'appels ! Vous me récupérez tous les fichiers et vous contactez tous les prospects et tous vos clients, et vous les invitez sur place. Jus de fruit, café, amuse-gueule et cacahuètes à volonté. Je veux qu'on se marche sur les pieds dans chaque boutique. Ah ! On s'est cru tout permis avec la pub ! On communique à distance. Résultat, avec ce système, le client, on ne le rencontre plus ! Il n'y a jamais guère plus que quatre pelés et trois tondus dans nos boutiques. Et on n'y fait pas trop la queue pour s'arracher nos abonnements. Désormais, elles doivent faire le plein, y compris le dimanche. Surtout le dimanche. Les gens sont disponibles. Je demande tout de suite une dérogation exceptionnelle à Bercy ou au ministre du Travail. France Telecom, c'est la téléphonie française. Nous sommes les héritiers de la

DGT[1] ! Du plan téléphone ! En quinze ans, on est passé de l'âge de la pierre au réseau et aux infrastructures les plus performants d'Europe ! Seulement, aujourd'hui, le drapeau tricolore est devenu Orange. Qu'on se le dise ! Et ce drapeau, on ne va pas se le garder dans la poche. Tout le monde se l'accroche au balcon, comme le voulait la "Ségo". À partir de maintenant, c'est "14 Juillet" pour tous nos vendeurs ! »

Se tournant vers Caroline Mille, sa dircom, qui l'écoutait, sidérée par cette tirade républicaine aux accents royalistes : « La pub, c'est du contact, n'est-ce pas ? C'est ce que vous me répétez à longueur d'année. Eh bien, on va y aller au contact ! *One to one*, comme vous dites dans votre jargon. Moi, je préfère le face-à-face. Mais c'est pareil. J'ai 120 000 employés France Telecom dans l'Hexagone et plus de 30 millions de clients. Je suis sûr que tout ce petit monde ne demande qu'à se rencontrer. Exécution ! »

À la SNCF, ça déraillait complètement. Pour commencer, le décor en avait pris un sacré coup. Déjà pas toujours très proprettes ni avenantes malgré les énormes efforts réalisés au cours des dernières années, les gares étaient devenues franchement sinistres. Les 12 000 affiches de France Rail et de Landimat, les régies publicitaires de la société nationale et de réseau ferré de France (RFF), qui agrémentaient les halls et les quais dans près de 1 000 gares, avaient disparu. De même que les 25 000 affichettes à bord des trains. Plus les quelque 12 000 4×3 le long des voies ou sur les parkings des gares. Sans compter les boutiques Relay qui faisaient piètre mine du fait de la désaffection de la quasi-totalité de la presse française, quotidiens et magazines réunis. Quelques livres, et la

1. Direction générale des télécommunications. Ancêtre de France Telecom avant la privatisation.

presse étrangère ne remplissaient pas les rayonnages comme avant. Cela faisait tout de même beaucoup. Là aussi, on se serait cru dans un mauvais tournage de film ancien ou dans une ambiance de derrière l'ancien rideau de fer. Les coloris acidulés des nouvelles tenues des agents dessinées par Christian Lacroix, ou même l'habillage des TGV et des rames relookées des TER en paraissaient presque incongrus. Ils ne compensaient en tout cas pas le grand et désespérant anonymat qui avait soudain envahi ces milliers de lieux de passage, d'attente ou de transport. Dans ce contexte, la mise en œuvre du contrat d'affichage gagné par Decaux contre Clear Channel, après plus de six mois d'âpres négociations, démarrait plus poussivement qu'une vieille Pacific à vapeur.

La billetterie électronique, fer de lance de la politique commerciale était en panne. Le site www.voyages-sncf.com ne remplissait plus son office et encore moins les wagons. Et ce, alors que les campagnes promotionnelles sur le Web, réalisées à partir de la base de données que la direction commerciale avait constituée au fil des mois, s'étaient révélées quatre fois plus rentables que l'achat d'espaces dans les médias traditionnels. Mais voilà qu'aujourd'hui la flopée des offres en ligne émanant de toutes sortes de tours-opérateurs, des compagnies aériennes aussi bien que des croisiéristes, qui en avaient fait l'un des sites de vente de voyages les plus fréquentés, s'étaient toutes éclipsées. De plus, le tout nouveau service d'information et de vente par téléphone mobile avait à peine démarré et n'était manifestement pas encore entré dans les habitudes.

Pire. Bien qu'intégrée à la société nationale, la *web agency* en charge de l'actualisation et de la mise en ligne des pages avait suivi le mouvement des « Free-lances en colère » et de « La pub en colère ». Outre l'absence dramatique de renouvellement des promos, les *web designers*, autant par solidarité avec la profession que trop contents d'arguer de la « pénibilité » de leurs conditions de travail, avaient déclenché une grève qui, pour une fois, ne venait pas des « seigneurs » du rail. Certes, on pouvait admettre qu'un « 7 jours/6 nuits en navire-hôtel 5 étoiles » sur le Nil (visites des temples non comprises) ait pu s'échouer quelque part en cours de croisière, mais même les réservations pour un très banal Paris-Marseille en TGV étaient devenues hautement problématiques. Des cadres et agents techniques avaient été mobilisés au pied levé pour gérer la base de données et les commandes, mais l'appauvrissement soudain de l'habillage du site et de ses facilités ergonomiques avait fortement déstabilisé les internautes habitués à plus d'esthétique et de convivialité sur ce site très fréquenté auparavant. Il faut dire que faute de créatifs, sa présentation avait pris un très rébarbatif aspect de tableur de l'ancienne génération. Seuls Eurostar et Thalys, du fait de leur structure internationale, s'en sortaient à peu près bien, les agences européennes ayant aussitôt pris le relais de leurs consœurs françaises pour entretenir le flux des offres.

Résultat, dans les gares, les files devant les guichets avaient soudain resurgi avec des longueurs et des temps d'attente inimaginables. La direction avait bien essayé de réactiver un service de renseignements téléphoniques digne de ce nom, mais la déshérence dans lequel celui-ci avait été volontairement laissé en raison de la toute-puissance d'Internet l'avait rendu totalement incapable de répondre à la demande. Et ce, outre le fait qu'il déclenchait d'innombrables engueulades de la part de clients exaspérés par des attentes sans fin sur des répondeurs vocaux tournant en boucle. Délaissant l'ordinateur ou le téléphone, les candidats au rail étaient contraints d'aller aux guichets s'enquérir personnellement des conditions les plus économiques. Face à l'afflux de requêtes supplémentaires, le système de réservation électronique disjonctait en effet régulièrement et impossible de relancer l'impression des tarifs promotionnels : les prestataires de marketing services et leurs imprimeurs avaient mis le signal au rouge. Moins d'Internet, donc moins de commandes électroniques et moins de billets retirés dix minutes avant le départ sur les bornes interactives. La SNCF avait tenté de mettre en place des équipes volantes qui venaient porter la bonne parole autour desdites bornes et près des guichets, munies d'épais classeurs censés contenir l'inextricable palette des tarifs. Devant les premières, comme devant les seconds, les queues prenaient en effet des proportions effarantes. Mais l'impatience des usagers comme celle des « agents d'ambiance » préposés à ces explications sans fin, autant que la résistance syndicale, avaient vite eu raison de ce palliatif insuffisant.

Prudent, Guillaume Pépy, son P-DG, renonça vite à aller exprimer comme à l'habitude sa profonde compréhension auprès des usagers sous l'œil des télés.

Chez Renault, en revanche, on se frottait les mains. Que n'avait-on entendu lorsque la très roumaine Logan avait été introduite en catimini en France, en 2005. Les commerciaux l'avaient alors regardée avec la même méfiance que les ingénieurs lors de la phase d'étude, d'autant qu'on leur avait demandé d'appliquer le principe du *low cost* commercial en vigueur à l'Est : pas de publicité, strictement aucun achat d'espaces, uniquement des relations presse et le bouche-à-oreille. Résultat, Renault, qui pensait en écouler tout juste quelques centaines, s'était trompé de 100 % ! Le prix annoncé, mais aussi les qualités intrinsèques de la voiture (du frugal, certes, mais aucune concession sur l'essentiel) lui valait un succès que les plus optimistes n'auraient jamais osé espérer.

De fait, c'était bien la seule voiture de marque française qu'on n'ait jamais vue sur une affiche ni dans un spot télé, très rarement sur des pages quadri, sinon en illustration d'articles. Le concept imaginé dans un éclair de génie par Louis Schweitzer, lors d'un déplacement à Moscou, était tout simplement redoutable. D'ailleurs, la martingale était si inviolable et astucieuse que personne, jusqu'à présent, n'avait réussi à l'employer pour un autre produit. La pub aurait été bien masochiste d'aller fouiner dans cette direction. Un produit qui se vendait sans pub, très peu pour elle.

Aujourd'hui, c'était tout le réseau Renault qui se trouvait, bon gré, mal gré, à la sauce Logan, et les commerciaux de la firme au losange étaient bien les seuls du secteur à ne pas être trop désemparés par la nouveauté de la situation. Pour Renault, comme pour d'autres, la *web agency* avait baissé le rideau et cela faisait un vecteur important en moins pour présenter l'offre. Les magazines et la presse en général réduits à la portion plus que congrue (c'est-à-dire rien), les télés muettes, aucune PLV renouvelée dans les showrooms, idem pour les catalogues. Restaient les blogs, mais ça, on ne pouvait pas le maîtriser. Il avait donc bien fallu se mettre en ordre de marche pour réactiver fortement l'accueil individuel dans les agences. « Voitures à vendre : de x à x euros » pouvait-on lire sur les vitrines des concessions et jusque sur les pare-brise. Il avait en effet fallu revenir au bon vieux pinceau et à la gouache blanche pour indiquer la seule info qui semblait désormais intéresser les candidats à l'achat : le prix ! L'exemple de la Logan avait du bon.

Chapitre 13

Tristes gondoles

Avant de rentrer chez lui, Pierre fait un détour par la supérette du quartier avec en poche la petite liste que Victoire lui a préparée.

Là, pareil. Les dégâts de la grève de la pub sur la distrib sont flagrants. Affichage envolé, annonces radio étouffées, promos plus qu'allégées, coupons épuisés, PLV non renouvelées, animations désertées. Son Monoprix ressemble plus à présent à un maxi-discount mal achalandé qu'à autre chose. De la petite à la grande surface, toutes les enseignes se sont soudainement retrouvées livrées à elles-mêmes. Le *merchandising*[1] leur ayant fait faux bond, elles pallient souvent avec les moyens du bord la répartition des produits et s'organisent comme elles peuvent pour respecter un minimum de logique, à défaut d'attrait visuel, dans la disposition des linéaires. D'ailleurs, à quoi servirait le *merchandising* avec ses négociateurs, ses équipes de mise en place, ses animateurs, tout son matériel promotionnel ? Au fil des semaines, de nombreuses

1. Discipline et règle d'agencement des rayons pour les rendre plus attractifs et plus attrayants.

marques avaient retiré leurs produits des rayons, faute de soutien publicitaire, tandis qu'inversement les marques de distributeurs avaient pris le relais. La pression médiatique disparue, les tendances à l'hédonisme, à la gourmandise, à la tradition, à la séduction, les signaux les plus faibles, les plus intimes comme les plus grégaires, que ne cessaient de traquer les instituts spécialisés et qui faisaient les beaux jours du *planning* stratégique des agences comme des annonceurs, tout cela se révélait soudainement inutile.

La nouveauté, et cela en fit réfléchir plus d'un, c'était que les consommateurs étaient devenus étrangement sensibles aux prix et semblaient tout aussi étrangement acheter en fonction de leurs besoins réels. Incroyable ! Cette tendance n'était pas nouvelle, mais la brutalité et l'ampleur du mouvement avaient fait comprendre aux industriels combien la communication jouait en profondeur sur l'attitude, faisant un travail de fond, permettant aux consommateurs de se constituer, en fonction d'innombrables paramètres, un univers de marques familières choisies au-delà des simples attributs du prix, du goût, ou du nom. Un univers construit autour de la symbolique et de l'imaginaire développé par chaque marque. Imaginaire dont la communication est l'un des principaux véhicules. Si bien que l'on vit les Caddies diminuer rapidement leur chargement au profit des produits de base car la réduction drastique du choix de marques eut un impact immédiat, à la baisse, sur les envies des clients.

Ces derniers y trouvaient en partie leur compte, au moins sur le plan du porte-monnaie, mais la restriction du choix, autant que l'agacement de voir les habitudes d'achat contrariées sans préavis ni explication (les caissières exténuées avaient vite renoncé à polémiquer avec des files d'attente qui grondaient régulièrement) ajoutèrent à l'exaspération ambiante.

Comme à chacun des passages de Pierre depuis trois semaines, le vigile à l'entrée joue les grooms attentionnés en lui annonçant avec chaleur les promos du jour et les rayons où les trouver. Certaines enseignes ont d'ailleurs affiché des offres d'embauche directe sur leurs vitrines pour multiplier la présence de ces nouveaux porte-parole de la pub, généralement des jeunes, qui constituaient des sortes de comités d'accueil à l'entrée des magasins où ils brandissaient des panneaux rudimentaires écrits à la main pour vanter telle ou telle offre. D'autres ont même remis à l'honneur les cortèges d'hommes-sandwichs, toujours avec des panneaux faits maison, qui arpentent (sans trop de conviction) les trottoirs du quartier. Cela ne compense pas véritablement la disparition de tous les supports de promo traditionnels. « Du bricolage, se dit en lui-même Pierre, mais enfin, ils font un effort. » De toute façon, avec une bonne moitié des marques faisant défaut, le choix est rapide.

Poussant son Caddie sans entrain, il s'enfile dans les allées, sa liste en main. Si la répartition des gammes de produits est restée *grosso modo* la même, la variété de choix n'y est plus et il maugrée en constatant une nouvelle fois cette pauvreté. Surtout, tout paraît avoir été installé en vrac. De plus, tous les kakémonos[1] suspendus et autres « stop rayons » (ces petits drapeaux qui balisent les linéaires pour localiser des marques), les affichettes, les panneaux découpés, les suspensions, tout cela a disparu. Peu de choix et, en plus, mal indiqué !

Les cafés sont bien rangés sur leur gondole, mais seules trois marques subsistent, dont celle du mastodonte du marché. Porté par un groupe international, celui-ci a les moyens de se

1. Affichette publicitaire suspendue au-dessus d'un point de vente.

payer un maintien de position en attendant des jours meilleurs. Bénéficiant au passage d'une belle notoriété et d'un univers de marque riche, il s'est retrouvé quasiment seul et ne s'en sort pas si mal. Bien entendu, il est rapidement retombé sur ses pieds en confiants à ses agences internationales la mise en ligne de sa publicité pour conserver sa visibilité aux yeux des consommateurs français. Mais tous n'ont pas ni cette chance ni ces moyens. Reste également présente une marque ayant émergé quelques mois auparavant et qui, en axant sa communication sur le commerce équitable, a grignoté rapidement des parts de marché et s'est imposée auprès de nombreux consommateurs. Sa notoriété lui est d'ailleurs venue davantage des blogs et des sites communautaires que de l'achat d'espace traditionnel. Quelle leçon pour tous ces jeunes « marketeux », renvoyés dans leurs buts ! Puisque déni de leur fâcheuse tendance à opposer concret et court terme à l'imaginaire, au sens et aux valeurs portées par un produit ou une marque !

Pierre ne connaît même pas ces deux autres marques. Il prend le paquet de 1 kilo, désormais seul choix possible. À quoi bon différencier les dosages, les packagings, les goûts, si la publicité n'est plus là pour y sensibiliser en permanence les consommateurs ? À leur grande surprise (et à leur grand dépit), les annonceurs et les distributeurs ont en effet rapidement constaté que l'absence de publicité se faisait sentir au-delà de ce que l'on aurait jamais imaginé. Déjà que les revendications sur le pouvoir d'achat, qui avaient constitué l'un des arguments phares de la campagne présidentielle, n'avaient toujours pas trouvé d'épilogue satisfaisant aux yeux de l'opinion publique, avec le côté « jamais vu » de cette grève, le pessimisme ambiant se trouva dangereusement renforcé. Là où l'on croyait que les comportements d'achats, les habitudes alimentaires, les profils de consommation étaient des données factuelles, tangibles, durables, on s'aperçut au contraire que la population, se sentant brutalement agressée dans ses addictions consuméristes, en revenait à des réflexes de crise dignes des scénarios de guerre.

À quoi bon en effet segmenter et différencier l'offre si la publicité n'était pas là pour rappeler quotidiennement cette réalité du commerce moderne ? Avec la grève, tous les consommateurs sans exception étaient atteints dans leur vie de tous les jours. Sans qu'on meure de faim pour autant, sans que les transports se soient arrêtés, sans que la lumière ou le chauffage fasse défaut, les rues sans affiches, les kiosques sans journaux, les radios et la télé sans leurs spots, ça valait toutes les grèves ou toutes les crises qu'on avait pu connaître jusque là. Ça dépassait même l'entendement. Mais, à ce niveau, ça ébranlait surtout la relative confiance qu'on avait dans cette économie libérale tant décriée dont la publicité, et ça, personne ne le remettait en cause, était l'un des piliers. Dans l'esprit des gens, le syllogisme était imparable. Le libéralisme ne vit que par la pub. La pub est en crise. Donc, le libéralisme est foutu ! En tout cas, il se maîtrisait si peu lui-même qu'il sciait l'une des branches maîtresses sur lesquelles il était assis. En somme, c'était toute la civilisation sur laquelle on avait parié depuis les années 1950 qui se trouvait remise en cause.

Face à une telle conclusion angoissante, la demande se replia aussitôt vers des achats prioritaires en vue de soutenir une situation de crise qu'on craignait durable. Privées du soutien de la publicité, les marques virent immédiatement baisser leur chiffre d'affaires, du fait même que les consommateurs, se sentant abandonnés, restreignaient leurs choix en réponse à une offre bien obligée de suivre le mouvement. La boucle était bouclée. Tout juste si certains n'envisageaient pas de remplir leurs baignoires de sucre ou de pâtes en prévision de privations encore plus dramatiques.

Après avoir complété sa liste « bouffe », Pierre fait un rapide détour par l'hygiène-beauté, à l'évidence le rayon le plus sinistré. C'est simple : Victoire elle-même ne veut plus y mettre les pieds tellement elle trouve son rayon préféré « glauquissime ». Certes, il y a toujours de quoi se laver, se shampouiner, se brosser les dents, se ravaler la façade et même sentir bon. Mais c'est du basique, un peu comme au rayon des cafés. Du volume, de la quantité, mais peu de variété. Peu de marques, un choix hyper-réduit, et le rayon shampooing, par exemple, avec ses trois ou quatre types de flacons seulement, bien serrés sur deux mètres de linéaire et trois niveaux, n'est pas fait pour tenter le monde et encore moins Victoire. Il faut croire qu'elle n'est pas la seule, car à part quelques femmes d'âge mûr et de braves petites vieilles portant leur vieux cabas défraîchi, il n'y a pas grand monde. Il se prend soudain à regretter le temps où il suivait avec impatience dans les rayons Victoire qui n'en finissait pas de ne pas choisir.

La liste donc vite éclusée, Pierre se dirige vers la sortie du magasin, sans plus pouvoir occuper ses deux minutes d'attente à détailler le contenu des présentoirs de caisses, désormais vidés de tout magazine télé, des piles et babioles avec lesquelles il concluait parfois ses achats tout en faisant la queue. En reprenant machinalement son ticket de caisse, imprimé recto seul sans le traditionnel coupon de réduction, il jette un coup d'œil au contenu de son sac plastique et une expression lui revient en mémoire, lointain souvenir de ses cours de marketing : « produits de première nécessité ».

Chapitre 14

Sinistrose...

Deux autres semaines plus tard, la France était K.-O. La vie quotidienne avait basculé dans une grisaille inattendue. Et c'était avant tout l'absence de la partie la plus visible de la pub, celle du décor de la rue, qui choquait le plus. Mais au-delà, et sans remonter à la génération du baby boom qui avait vécu les Trente Glorieuses au rythme de l'irrésistible montée en puissance de la pub, c'était le pays tout entier qui prenait conscience de la place que celle-ci avait prise dans sa vie de tous les jours comme dans son économie. Et le traumatisme était profond. Aucun secteur n'était épargné.

La ville était sinistrée. En dehors de quelques poches où l'environnement avait toujours été préservé, comme à Paris (les affiches étaient déjà très rares dans les beaux quartiers) où l'esthétique haussmannienne se suffisait à elle-même, on redécouvrait que bien souvent la pub avait apporté de la couleur et de l'animation, sinon un peu de gaieté, dans de nombreux endroits où elle cachait des ratages de l'urbanisme. Les cités avaient pris un petit coup de désespérance supplémentaire et ressemblaient plus que jamais, comme l'avait écrit une équipe de journalistes suisses à l'automne 2005, en pleine crise des banlieues, au Berlin-Est d'avant la chute du Mur.

Ailleurs, débarrassée d'un affichage qui constituait à peu près les seules marques de cohérence dans un univers périurbain totalement déstructuré, l'anarchie pavillonnaire paraissait encore plus anarchique que jamais. Plus loin, à présent qu'avaient disparu les milliers d'affiches de tous formats qui annonçaient invariablement les agglomérations, on se rendait compte combien la campagne avait été mitée et les entrées de villes polluées de manière exagérée par la multitude de panneaux. L'indigence architecturale ou le mauvais goût des zones commerciales n'en ressortait que davantage. La carte postale d'une France « où il faisait bon vivre » en prenait un petit coup supplémentaire.

Les loisirs, la culture, l'édition, la presse étaient eux aussi sinistrés. On redécouvrait que la publicité conditionnait la plupart des loisirs et qu'hormis la pêche à ligne ou les promenades à bicyclette, rares étaient les activités qui pouvaient s'en passer. Cinéma, expositions, voyages. Son absence était tout simplement catastrophique.

À défaut d'une presse abondante autant que colorée et riche en images, la lecture avait connu un joli boom et la vente des livres en avait profité, de même que la fréquentation des bibliothèques ou celle des sites Web apportant et du texte et des images. Le téléchargement fonctionnait à plein, la toute récente loi sur les droits d'auteur dans l'audiovisuel révélant à propos sa parfaite inanité. En l'absence du gavage publicitaire organisé par un secteur audiovisuel désormais très discret, chaque consommateur d'images était contraint de créer son propre menu par une démarche volontaire, devenant *de facto* son propre marché à lui seul.

Mais, dans beaucoup de foyers, l'absence des rendez-vous quotidiens de la pub, des jeux et des émissions qu'elle finançait était un véritable drame. Tout le monde n'avait pas la ressource intellectuelle pour se plonger dans un livre. On était bien obligé de renoncer à des habitudes profondément ancrées, de consommateurs gavés d'images qu'on était devenu, mais on n'en trouvait pas pour autant de nouvelles pour les remplacer. Quelques-uns reprirent le chemin de musées, des monuments, de tout ce qui peut se visiter en général, y compris la famille ou les voisins. Mais là encore, plus facile à dire qu'à faire, lorsque des millions de foyers se repliaient sur eux-mêmes à heure fixe et ce, depuis des décennies. Beaucoup étaient tout simplement devenus incapables de s'émanciper des mots d'ordre de la pub et de l'enfermement télévisuel. Des pratiques conviviales au sein de la société retrouvèrent néanmoins un certain regain d'intérêt et le sens des loisirs et du divertissement, une nouvelle actualité. La vente des jeux vidéo, d'iPod et autres outils nomades, explosa littéralement, renforçant un individualisme déjà ravageur dans une France urbaine à 75 %. Sans pub, évidemment, du moins sur les sites nationaux, mais avec l'aide somme toute très efficace des sites communautaires et des blogs qui avaient pris le relais, même si c'était de manière moins formatée.

Mais tout le monde n'en profita pas non plus et, comme toute vie collective suppose un minimum de publicité pour se faire connaître et s'épanouir, des pans entiers de cette vie collective s'effritèrent et le fameux « lien social » s'en trouva encore un peu plus distendu. De ce point de vue, le moral de la nation, qui s'en serait bien passé, était en berne.

Plus aucune rotative ne tournait pour alimenter un lectorat avide de sensationnel, de lectures prémâchées, de photos « choc » et de formules percutantes. Quelques titres *people* avaient bien tenté de prolonger leur survie en renouvelant leur contenu, un peu plus d'info et surtout beaucoup plus d'images achetées à des prix bradés, à défaut de pub pour pallier la défaillance des annonceurs, mais les ventes n'avaient pas suivi. La désaffection immédiate envers une presse amputée de ce tout ce qui faisait le plaisir de la feuilleter (et la pub y était pour beaucoup) s'était avérée rédhibitoire. Quotidiens, *news magazines*, presse spécialisée, catalogues, prospectus, gratuits, le pilon de la grève n'avait rien épargné.

Conséquence logique, l'imprimerie de « labeur » aussi était sinistrée. Alors que la publicité y représentait plus du quart du chiffre d'affaires, et plus de la moitié si l'on y ajoutait la VPC et l'emballage, elle ne tournait guère plus que pour l'édition commerciale, les imprimés administratifs ou les formulaires en continu. La grève de solidarité lancée par le Syndicat du Livre sur plusieurs sites tournait à présent à la grève par nécessité. Après une bonne dizaine de jours de flottement, les annonceurs (du moins ceux qui le pouvaient) avaient délocalisé leurs impressions, qui en Belgique, qui en Italie, qui en Espagne, pays qui étaient déjà les moins chers dans ce secteur. Mais les coûts de logistique impactaient singulièrement la rentabilité du dispositif. Sans compter les camions qui se faisaient délester de leur chargement aux péages des autoroutes ou sur les parkings par des grévistes du livre, fort mécontents de se voir ainsi « doublés » par leurs collègues de l'étranger.

Les campagnes d'abonnement et de relance avaient été stoppées net dès le début de la grève. Plus aucun *mailing* ne sortait de chez les routeurs, tandis que les centres d'appels s'étaient brusquement tus et qu'à la télé ou sur le Web les promos avaient tout aussi brutalement déclaré forfait et ce, de manière illimitée, fixes et mobiles confondus. Et robinet fermé pour les généreux débits habituellement proposés : pas un méga supplémentaire n'empruntait désormais les tuyaux. D'ailleurs, c'était toutes les marques abonnées au Web qui se retrouvaient sinistrées. En fait de clics, les annonceurs abandonnés par leurs agences se prenaient une belle claque.

Le trafic des opérateurs télécom avait, bien entendu, chuté. Celui des fournisseurs nationaux d'accès Internet pareillement. Toutes les bannières publicitaires avaient disparu comme par enchantement de la plupart des sites des marques distribuées en France. La Poste, malgré la promesse de son slogan (« … et la confiance grandit ») avait surtout vu s'effondrer le volume du courrier en raison du tarissement immédiat des commandes de *mailings*. Les anti-pub avaient gagné : plus un seul prospectus ne venait remplir les boîtes.

Les stades également étaient touchés. L'affichage dynamique qui enserrait les pelouses et alimentait les panneaux lumineux géants était éteint. Et comme les spots télé en *prime time* lors des mi-temps avaient été supprimés, c'est autant de matchs et stades qui perdaient en rentabilité pour tout le monde. La suspension des contrats de chaînes pour toutes les retransmissions achetées contre force spots vendus à prix d'or condamnait le système sportif dans son ensemble. Sur les gradins désormais clairsemés, les supporters semblaient en avoir perdu leur dynamisme. Expulsés des rubriques *people* (tous médias confondus) pour cause de « carton rouge » de la pub, les sportifs se virent soudain relégués dans une division qu'ils avaient aussi eu peut-être tendance à oublier : transposés brutalement du statut d'hommes publics à celui de simples sportifs, ils devaient plus que jamais se surpasser devant ceux qui voulaient encore bien se déplacer ou qui acceptaient de se programmer une chaîne étrangère (d'ailleurs, un match commenté en anglais sur SkyNews passait tout à fait la rampe). Les étrangers, quant à eux, avaient majoritairement regagné leurs pénates, qui à la Juventus, qui au Real, où les choses étaient plus simples. La disparition de la pub, moteur financier du sport, toutes disciplines confondues, avait désormais ramené l'intérêt du sport aux seuls exploits des sportifs. Il était clair que ces derniers ne pouvaient consolider à eux seuls un édifice si durement ébranlé.

La « folie du *people* » aussi en avait pris un coup. L'absence des kiosques des *Voici*, *Gala*, *Point de vue*, *Closer* et de leurs clones démontrait *a contrario* que la popularité des chanteurs, acteurs, animateurs, sportifs et autres « batteurs d'estrades » de tout poil était finalement très artificielle. Totalement pilotée par les médias, elle était rapidement tombée en désuétude dans un quotidien ayant perdu toute dynamique.

Le show-biz ne valait pas mieux. Les plus accros avaient bien essayé de se raccrocher à des fêtes, mais la réalité les avait vite remis sur le chemin de la raison. Le manque de médiatisation retirait beaucoup de piment à ce mode de vie et les comptes se vidaient. Effectivement, les sponsors ne finançant plus, et pour cause, il fallait y aller de sa poche. Et puis, faire la fête entre *people* mais sans la presse du même nom, quel intérêt ?

Les politiques n'étaient pas mieux lotis. Eux qui ne manquaient pas une occasion de l'ouvrir avec ou sans raison, pour exister, se retrouvaient à la diète du narcissisme. Plus d'un, qui avait retrouvé un peu de jouvence avec les présidentielles, puis les législatives et les municipales, était en phase dépressive. Le Sénat et l'Assemblée nationale étaient entrés dans une grande léthargie, les étoiles ne brillant plus qu'entre elles.

L'événementiel, les relations publiques, les promotions, les salons qui alimentaient aussi bien la presse que l'audiovisuel étaient sinistrés.

Les annulations en cascades s'étaient succédés, tous secteurs confondus. Résultat, on ne savait même plus qui faisait quoi et bientôt il ne se passa plus rien du tout puisqu'il n'y avait plus moyen d'informer qui que ce soit. Hormis les avis que faisait passer le gouvernement *via* les télés et les radios sur l'organisation ou le fonctionnement des services publics, tout le bourdonnement quotidien de l'information qui irriguait sans relâche les tuyaux des médias nationaux et régionaux, qu'il fût à caractère événementiel sur la vie commerciale, financière, sociale, culturelle du pays, ou simplement sur le show-biz, se trouva vite étouffé par la thrombose générale du système. La Cigale, à Paris, boulevard de Rochechouart, se trouva rapidement sans voix pour chanter. Les dieux de l'Olympia n'eurent bientôt plus qu'à redescendre sur terre. Les Zénith de Paris, comme ceux de province, redescendirent au niveau des pâquerettes. Plus un concert, plus une tournée, plus une première, plus un vernissage, plus une table ronde, plus une conférence annoncée, quelques séminaires professionnels à la rigueur, les salons *out*, rideau baissé sur toutes les scènes. La « vie » médiatique, qu'on avait trop souvent confondue avec la vie publique, en avait rabattu.

La communication, les services, l'immobilier, l'électroménager, des pans entiers de l'économie étaient quasi anéantis et leurs responsables ou leurs représentants durent prendre le taureau par les cornes, c'est-à-dire les moyens du bord, pour éviter le collapse complet.

Les agents d'assurances se retrouvèrent pendus au téléphone pour relancer une clientèle qui ne venait plus d'elle-même, attirée par les sirènes de la pub. Beaucoup d'entre eux, salariés des grandes compagnies, se retrouvèrent soudain livrés à eux-mêmes, sans aucun soutien publicitaire de la maison mère, et renouèrent contraints et forcés avec l'activisme des petits courtiers de quartier.

Les vestes rouges de chez Darty, les gilets verts de la Fnac, tous les vendeurs des magasins spécialisés, qu'ils soient salariés ou à la guelte, se virent intimer l'ordre d'être encore plus proactifs. Désormais, la pub, c'était la vente, et la vente c'étaient les hommes !

Partout où la publicité fluidifiait la circulation des marchandises et des idées et facilitait l'innovation et la créativité, partout où elle favorisait la conception des produits, leur distribution, leur mise en avant, leur utilisation, le désir d'amélioration, partout où elle poussait les hommes à échanger, à créer du lien, le caillot de la grève provoqua des effets dévastateurs. Un véritable « effet dominos » qui balaya le délicat montage de l'économie du pays. Outre l'impact sur les emplois directs du secteur de la communication, une frilosité immédiate s'empara de la plupart des entreprises, les françaises comme les étrangères. Les consommateurs, hormis l'essentiel, avaient réduit leurs intentions d'achat.

Vendre sans publicité, c'était comme revenir à l'âge de la pierre ou à son succédané, l'économie de type soviétique : peu de choix et tant pis pour la qualité !

Chez les « anti-pub », on jubilait carrément. La pub se faisait hara-kiri ! Ce que les plus activistes du « Collectif des déboulonneurs » et des barbouilleurs de panneaux n'auraient jamais osé espérer, la pub leur offrait. Les « anti-capitalistes » de chez Besancenot rigolaient franchement. Voilà que la société de consommation se tirait elle-même une balle dans le pied ! Encore que certains se sentissent un peu morveux. Le décor de la rue et la grise mine des gens les surprenaient quelque peu et il n'aurait pas fait bon aller claironner sur les trottoirs ou dans les stations de métro le succès de la cause anti-pub.

Mais d'autres souffraient. Et particulièrement dans la pub. L'amertume du secteur était encore plus profonde qu'ailleurs. On ne voyait plus trop comment on rattraperait le temps perdu et comment on paierait les salariés pour tout ce manque à gagner.

Chez les « Free-lances en colère », comme pour « La pub en colère », c'était pire encore. La grève se jouait sans filet et encore moins sans public. Rien à montrer. Personne pour applaudir. Personne pour soutenir. Personne pour accompagner. Pas un média (et pour cause) pour en parler.

Chapitre 15

« Ici Londres, les Français parlent aux Français... »

Délaissant pour un soir la lecture à laquelle il s'est remis, Pierre fait brièvement le tour des chaînes de télé pour attraper au vol un film qui le retiendra suffisamment. Désespérant ! Peu de *news*, sauf sur les chaînes publiques, majoritairement des programmes de rediffusion, et il n'a aucun courage pour aller consulter les sites du câble ou de la TNT sur son ordinateur.

Avec Victoire, les premiers jours de la grève, ils s'étaient amusés à zapper d'une chaîne à l'autre pour voir comment celles-ci s'en tiraient. Une par une, les chaînes avaient réduit la voile. Au début, ça n'était pas désagréable, car les films ou les reportages n'étaient plus entrecoupés par les spots et le confort du téléspectateur y avait certes gagné. Le plus spectaculaire, c'étaient les heures de *prime time* sur les grandes chaînes de France Télévisions ou sur TF1. Cela faisait tout drôle de passer directement du JT à la météo, puis au film ou à l'émission programmée, sans aucune interruption. Résultat, la soirée se trouvait singulièrement écourtée et les programmes télé de la presse ayant disparu presque immédiatement des présentoirs à journaux, la plupart des chaînes réinjectaient en guise de spots un rappel de leurs programmes pour les heures et les jours à venir, façon télétexte. Pas très attrayant. Quelques chaînes, comme TF1, grâce à leurs services internes, réussirent à contourner la grève des *web agencies* et à maintenir un site Internet accessible. Mais la mosaïque des pages avait perdu beaucoup de ses blocs images, puisque les pubs et les annonces d'émissions sponsorisées s'étaient effacées. La plupart des animations produites par les heures de travail des maquettistes Web qui pratiquaient la grève de la souris faisaient également défaut. Hormis la couleur, le résultat était bien moins attractif. Sur les téléviseurs, la répétition des mêmes bandes-annonces plusieurs fois par jour n'apportait aucune nouveauté comparée à la variété et à l'humour des pubs. Et puis, rapidement, Pierre et Victoire s'étaient lassés, car le résultat n'était pas franchement réjouissant.

Comme la radio, la télé avait en effet pris de plein fouet la première vague du raz-de-marée, celle qui renverse tout sur son passage. MPG, Carat, Starcom, toutes les agences médias avaient annulé en cascade leurs achats d'espaces sans un mot d'explication. Du jour au lendemain, plus un spot, plus une coupure, plus un seul « infomercial[1] », plus rien. Chaos total pendant quarante-huit heures.

Plusieurs chaînes jouaient carrément l'écran noir. Depuis la fin de La Cinq, un certain 12 avril 1992, c'était la première fois que le PAF (paysage audiovisuel français, pour reprendre la terminologie de l'époque) se prenait une telle baffe ! La première chaîne généraliste privée, lancée en 1985 par Berlusconi avec

1. Apellé aussi « programme court », c'est une mini-émission financée par des annonceurs. *Du côté de chez vous* est un exemple de référence.

l'assentiment (politiquement intéressé) des pouvoirs publics, et rachetée par Lagardère au groupe Hersant après de nombreuses tribulations, avait été fermée pour cause d'incessantes modifications de sa grille. La désaffection du public ayant, par voie de conséquence, entraîné une baisse imparable des rentrées publicitaires. Les mêmes causes produisant les mêmes effets (au moins pour l'aspect publicitaire), le phénomène se reproduisit, mais cette fois-ci dans un paysage audiovisuel qui s'était considérablement étendu.

Beaucoup des chaînes aujourd'hui sinistrées étaient apparues notamment à l'occasion du déploiement du câble et de la TNT. La majeure partie de leurs programmes constituée de sitcoms et de séries, en adéquation avec des audiences de plus en plus sélectives, encore plus prêtes à zapper, dépendait plus que jamais de la fidélité de leurs annonceurs, leur modèle économique reposant à 100 % sur la publicité. Dans ces conditions, Planète, Voyage, Direct 8, BFM, etc., suspendirent progressivement, le temps d'écluser les contrats en cours, toute diffusion. Le retrait de celle-là leur interdisait brutalement d'acheter les droits à diffusion des séries récentes ou anciennes ; impossible alors de meubler les trous noirs de leurs programmes.

Même les bouquets payants avaient menacé de fermer l'antenne. L'intervention des pouvoirs publics autant que les risques de perdre définitivement des abonnés lors du renouvellement des contrats les en avait fortement dissuadés. Numéricable ne voulait en aucun cas rééditer les images désastreuses d'abonnés venant se plaindre bruyamment des dysfonctionnements administratifs devant les portes barricadées de ses agences comme cela avait été le cas avant la reprise de Noos. Mieux valait se contenter de diffuser le peu qui restait plutôt que rien du tout.

Désormais, sur le câble, sur le satellite, ou en hertzien, hormis France Télévisions et TF1, les chaînes étrangères régnaient en maître sur la bande passante. Grâce à TV5 et surtout aux chaînes du Maghreb, le français restait encore assez présent. Hormis les populations originaires de la région, les programmes n'avaient rien de bien attrayant pour les autres téléspectateurs. Pour le reste, seuls les polyglottes avaient l'embarras du choix. Très peu pour Pierre et Victoire, qui ne se voyaient pas se remettre à la méthode Assimil pour se gaver de paillettes russes ou de groupes folkloriques roumains ou qataris. Tout juste l'anglais les attirait-il un peu.

D'autres chaînes, les mieux armées financièrement, avaient réagi avec plus ou moins de bonheur. Ainsi, TF1, par exemple, se souvenant lentement de son passé de chaîne publique (trop difficile à expliquer à Victoire, elle était à peine née), avait bâti en catastrophe une grille des programmes compatible avec la nouvelle situation. La chaîne avait des réserves d'images et se sentait prête à soutenir un siège, ou plutôt un rationnement de plusieurs semaines sans pub, au moins pour occuper l'écran et conserver un fonds de fidèles pour le jour où les choses reprendraient un cours normal.

C'est ainsi que chez elle, la France travailleuse ou retraitée, les plus anciens avec un certain amusement, les plus jeunes avec stupéfaction, avait redécouvert « la télé de papa ».

En lever de rideau – les programmes ne démarraient plus qu'en fin de matinée – TF1 avait affiché une mire toute neuve, assez joliment dessinée, histoire de faire patienter le téléspectateur en manque et en attente. Puis, pendant une bonne dizaine de minutes, l'horloge, remise au goût du jour, qui égrenait ses secondes sans compassion aucune pour l'impatience du téléspectateur exaspéré. Une présentatrice (comme autrefois les « speakerines ») venait ensuite annoncer et commenter l'invariable enchaînement de documentaires et de séries (uniquement des rediffusions) qui constituaient dorénavant l'ordinaire des programmes. De *Belphégor* à *Thierry la Fronde*, pour les plus anciennes, à *Arnold et Willy* ou *Inspecteur Derrick*, pour les plus récentes (!), ce fut un véritable rembobinage dans le passé auxquels assistèrent les téléspectateurs, surpris tout d'abord, amusés et même intéressés ensuite, puis finalement blasés et enfin lassés.

Autant de temps pris sur la soirée cependant, avec toujours la roue de secours de quelque interlude insipide (généralement des reportages touristiques) pour meubler les temps morts. À ce point de simplicité de la programmation, n'était la couleur, on se serait cru revenu au temps de la défunte ORTF (en 1975, se souvenait Pierre). Des mauvaises langues faisaient même remarquer qu'on avait conservé l'inusable Jean-Pierre Foucault pour faire plus rétro que nature.

Évidemment, les jeux aux grandes heures de l'audimat avaient disparu, leurs animateurs remerciés. « Point d'argent, point de Suisse… » Qui y avait-il à gagner ? Certainement pas des millions et même plus quelques centimes d'euro. La dèche totale. La cassette était vide. La « pompe à finance » de la pub s'était brusquement tarie. Nonce Paolini, presque plus froidement encore que ne l'aurait fait Patrick Le Lay, son prédécesseur (pourtant réputé pour son côté « poisson froid » dans ses décisions), avait immédiatement suspendu tout ce qui était sponsorisé de près ou de loin par la publicité et mis fin à tout ce qui ressemblait à un contrat à temps partiel, à un intérim ou à un stage. Idem pour les achats à des producteurs indépendants ou les abonnements à des séries. Martin Bouygues ne décolérait pas et parlait déjà de recentrer son groupe sur le béton du père fondateur pour y noyer tous ces maîtres chanteurs de la pub.

Trois semaines après le début de la grève, TF1, et c'était pourtant l'une des chaînes les plus solides, se donnait en tout et pour tout un mois de sursis. Après, tout était envisageable, même le pire.

Pierre entend soudain Victoire qui s'esclaffe dans la chambre. À plat ventre sur la moquette, devant son ordinateur portable, la jeune femme rit franchement. Informée par une copine, elle a découvert depuis quelques soirs sur le Web une kyrielle de sites qui vient suppléer la défaillance de la pub hexagonale. « Chéri, tu m'emmènes en Belgique ? » lui demande-t-elle gaiement sans lever les yeux de son écran.

Pierre s'accroupit et lit la page affichée : « Amis français, visitez la Belgique, une fois. » Le slogan loufoque ouvrait sur une série d'annonces publicitaires pour des grandes enseignes de la distribution, ainsi que sur une longue liste d'offres de produits livrables dans les quarante-huit heures. Il faut dire que la grève avait relancé le commerce transfrontalier à un niveau que seuls ceux qui se souvenaient de Mai 68 pouvaient avoir idée. À l'image des Anglais qui venaient encore remplir, il n'y avait pas si longtemps, dans les grandes surfaces de Calais des camionnettes entières d'alimentation, de canettes de bière et d'alcool, toujours *via* le Web, de véritables « circuits shopping » en autocar s'étaient montés à Paris et dans toutes les capitales régionales situées à trois heures de route maximum d'une frontière. Les sites belges en profitaient pour faire leur propre pub à l'attention des annonceurs potentiels, affichant sans vergogne leur prétention à fabriquer les meilleures pubs sur le Web pour redresser des courbes de vente défaillantes et pallier la très dommageable absence des agences françaises.

Intrigué, il suit quelques minutes Victoire dans ses pérégrinations virtuelles et découvre une incroyable variété de sites publicitaires pour des marques vendues en France mais privées de médias hexagonaux depuis le début de la grève. Au fil des liens qui s'additionnent, ils tombent sur un podcast anglais plein d'humour, « Ici Londres, des Français parlent aux Français », qui diffuse en fait de réelles annonces publicitaires à la manière des messages codés de la radio de la France libre, toujours pour des produits disponibles en France. « Sacrés *British*, commente Pierre, voilà qu'ils nous balancent nos propres pubs, maintenant. »

Un autre site signalait des chaînes du câble, sponsorisées par différentes marques, qui avaient pris le relais auprès des annonceurs s'adressant au public français. Il avait d'ailleurs constaté depuis plusieurs jours l'apparition de nouvelles fréquences à la radio, qui émettaient de l'Europe entière et qui s'adressaient à ce même public. Leurs émissions étaient essentiellement des suites d'annonces de pub à peine entrecoupées d'un peu de musique et manifestement concoctées pour contrebalancer les effets de la grève. En fait, CSA oblige, elles n'auraient pas pu se glisser dans la bande passante sans autorisation. Elles avaient simplement piraté des fréquences existantes, évidemment avec l'accord de celles-ci qui devaient toucher quelque chose au passage. Juste de quoi subsister en attendant la fin du cauchemar.

Toujours sur le Web, les propositions de téléchargement gratuit avaient explosé. À partir de sites évidemment hébergés à l'étranger, des offres gracieuses pour de la musique, des films, des œuvres littéraires, etc., étaient mises en avant sous la bannière de marques qui avaient trouvé là un moyen intelligent de se rappeler au bon souvenir des internautes consommateurs. Mais rapidement, compte tenu de l'engouement, un grand nombre de ces offres devinrent payantes et les gens repayèrent. Le besoin d'images était trop fort, les habitudes trop ancrées. Beaucoup de chaînes du câble, par exemple, devenues vraiment « rasoirs » depuis la disparition de la pub et du financement que celui-ci représentait, perdirent leurs abonnés qui achetèrent les nouvelles offres.

D'autres sites, sans qu'il distinguât clairement s'il s'agissait d'initiatives purement commerciales, de pseudo ou de vrais blogs, affichaient en ligne des commentaires de consommateurs sur tel ou tel produit ou promotion pour toutes sortes de marques, avec indications précises sur les prix, les localisations des magasins, etc. Certains proposaient des bons de réduction à télécharger avec un code personnalisé, qu'il suffisait d'imprimer et de présenter si l'on avait la chance de pouvoir faire ses achats de l'autre côté d'une des frontières de l'Hexagone. De nombreuses marques, par l'intermédiaire d'agences Web étrangères qui avaient pris le relais de leurs consœurs françaises auprès de la grande distribution, avaient ainsi plus que décuplé leurs annonces sur Internet. Les offres de vente avec livraison à domicile avaient explosé et la liste des produits disponibles ne cessait de s'allonger d'un jour à l'autre. La grève avait au moins fait des heureux : les boîtes de courses internationales.

D'ailleurs Victoire s'y met et explique en direct sur un forum à au moins quelques dizaines d'internautes où et comment, faute de trouver sa marque préférée dans la supérette voisine, elle a déniché un shampooing correct, quoique d'une marque inconnue, et surtout renouvelé dans une autre enseigne. Elle en profite également pour tenter de lui extorquer une promesse de vacances après qu'un blog lui eut permis de dénicher les prix d'un voyagiste dont le site officiel était désespérément muet depuis trois semaines, outre l'absence de toute pub dans les médias hexagonaux. Pour tout le reste (qui n'était pas mince, à en voir le nombre de paquets qu'elle recevait maintenant plusieurs fois par semaine), elle a déjà passé commande sur le Web. Puis, elle va se gaver de quelques spots « d'avant » que certaines marques passent en continu sur des sites qui s'annoncent à coups de spams, histoire, sans doute, de maintenir la dépendance jusqu'à ce que les choses reprennent un cours normal. La tête lui tourne. « La grève n'est pas perdue pour tout le monde », se dit Pierre. Et il se relève pensivement.

Au même moment, dans le salon des appartements privés de l'Élysée, le Président Sarkozy éteint rageusement l'énorme écran de télévision devant lequel il aime à s'installer, exaspéré par le vide qu'il constate grandissant chaque jour sur l'ensemble des chaînes.

« Enfant de la télé »[1], il a grandit au cours des années 1960, devant un poste allumé. Le jeudi, jour de repos pour les scolaires, il ne manque jamais *Thierry la Fronde*, *Zorro* ou *La Piste aux étoiles*. Lors des vacances dans la maison familiale dans les Yvelines, pas de télévision. Heureusement quelques voisins sont eux équipés, lui permettant de ne manquer ni *Rintintin*, ni *Les Chevaliers du ciel*, ni surtout les étapes du Tour de France. Cette assuétude perdure alors qu'il s'installe à Neuilly en 1973. Ce sont alors les émissions cultes de Maritie et Gilbert Carpentier qui, comme 15 millions de Français, l'occupent. C'est un peu plus tard également qu'il passe de l'autre côté de l'écran pour la première fois, alors âgé de vingt ans, dans le cadre d'une « tribune libre » réservée aux jeunes UDR, début d'une série d'interventions qui ne se tariront plus.

Quand il a annoncé le 8 janvier 2008, à la surprise générale, la suppression de la publicité sur les chaînes publiques, jamais il n'avait imaginé ce que la télé sans pub pouvait avoir comme incidences. Certes, cette décision allait coûter 1,1 milliard

1. *L'Express* du 26 juin 2008.

d'euros à France Télévisions, mais divers scénarios cohérents avaient été imaginés pour compenser cette perte de recettes.

Aujourd'hui, le Président se pose des questions. Les annonceurs qui ont du mal à imaginer comment ils vont trouver l'espace nécessaire pour diffuser leurs spots sur les chaînes privées sont inquiets et la grève n'arrange rien à leurs préoccupations. L'Union syndicale de la production audiovisuelle ne décolère pas et certaines mauvaises langues sont même allées jusqu'à faire courir le bruit que la réforme lui servait à régler ses comptes, d'autres allant imaginer qu'il s'agissait d'une « fausse barbe » pour défendre TF1 qui aurait raté le virage de la télévision numérique terrestre. Mais là, à l'instant présent, c'est lui qui personnellement pâti du manque de contenu de *sa* télé et se sent un peu orphelin.

Chapitre 16

La pub sur un plateau

À vous de juger réunissait ce soir un panel d'invités exceptionnel autant qu'hétéroclite. Arlette Chabot avait été contactée par une délégation commune Medef, UDA, AACC (fortement soutenue financièrement par Bercy et le ministère du Travail) pour monter en catastrophe son émission vedette sur le thème de la grève et de ses conséquences désastreuses. On en était en effet à plus de cinq semaines de conflit, et l'économie commençait à tanguer sérieusement tandis que la nervosité et l'incompréhension de la population devenaient chaque jour plus perceptibles.

L'économie ! Un mot qu'on avait assez peu entendu jusqu'à présent et que les clignotants de Bercy, les commentaires alarmistes de chefs d'entreprise, autant que les sondages, mais plus encore la montée concomitante et brutale de la courbe du chômage, faisaient soudain surgir sur le devant de la scène. Dans les grosses agences, le problème était clair. La grève, très suivie au début, était subie maintenant par tous, et plus pour certains.

Des CDD renouvelables avaient été suspendus, les nombreux stages payés à 30 % du Smic, également. Des milliers d'emplois précaires avaient disparu. Tous ces petits métiers liés de près ou de loin à la pub se précipitaient donc à l'ANPE qui vit se gonfler dangereusement ses statistiques de chercheurs d'emploi.

Côté « Free-lances en colère », la disparition des commandes n'était pas tenable et, faute de pouvoir bénéficier d'allocations chômage, ne restait que la colère comme moyen de s'exprimer. Relayés un temps par leurs caisses de retraite, comme la Maison des artistes, qui se plaignaient de ne plus recouvrer de cotisations, des groupes de *free-lances* s'étaient regroupés spontanément *via* la blogosphère pour aller crier leur désarroi et leur colère devant des sièges d'agence ou devant le ministère du Travail. Une manif devant ce dernier était passée à peu près inaperçue, mais celle organisée en haut des Champs-Élysées, devant le siège de Publicis, avait sensibilisé l'opinion. Il avait même fallu faire appel aux forces de l'ordre pour dégager l'avenue prestigieuse, pourtant déjà mal en point fautes de cinémas ouverts et de désertion d'une bonne partie de ses touristes. Ce qu'il restait de télés avait bien sûr couvert l'événement, mais c'étaient surtout les vidéos des téléphones portables qui en avaient été le meilleur relais. Par diffusion spontanée, les images s'étaient vite retrouvées sur Internet.

La plupart des secteurs liés à la publicité avaient également commencé à licencier du personnel : outre l'imprimerie, où la solidarité du début faisait à présent place à une nervosité mal contenue, l'audiovisuel, le show-biz, les expos, le Web, l'événementiel, les intérimaires du « tractage » sur la voie publique ou dans les boîtes aux lettres, des dizaines et des dizaines de métiers étaient venus s'ajouter à la liste.

Plus personne, désormais, ne pouvait ignorer qu'une population encore mal connue, mais qui semblait très jeune comparée aux syndiqués bien protégés, souffrait durement de la grève et ne disposait d'aucune des protections classiques.

Ainsi, d'un conflit catégoriel, qui faisait rudement parler de lui depuis qu'il perturbait le mental et les habitudes de consommation de beaucoup de Français, on était passé contre toute attente à un grand désordre national comme jamais on n'aurait pu l'imaginer. On en vint donc à penser que la partie immergée de l'iceberg méritait sans doute d'être explorée un peu plus sérieusement. Peut-être était-ce là qu'on trouverait des solutions pour y mettre fin ? Un grand déballage s'imposait, et Arlette Chabot avait été choisie pour jouer les « Madame Loyal » d'un débat qui remplirait au moins la soirée et remplacerait avantageusement les programmes insipides de France 2. Cependant un coup de fil de la présidence avait imposé qu'elle partage la vedette avec Marc-Olivier Fogiel et Thierry Ardisson, « plus incisifs et modernes ». Depuis l'automne 2007, « Chabot », c'est ainsi que le Président l'appelle, avait encouru les foudres du patron de la France en osant énoncer dans la presse qu'il « fallait aborder le divorce de Nicolas Sarkozy », appelant de sa part cette cinglante remarque pleine de sous-entendus : « La prochaine fois qu'elle m'invitera, je lui dirai : "Je vais avoir le courage d'évoquer votre vie privée !" » Celui-ci récidivant début 2008 en expliquant à propos de la suppression de la publicité sur la télévision publique : « C'est pour emmerder Chabot et Carolis. Ils sont nuls[1] ! »

L'émission démarra assez brutalement sur la remarque assez mal venue d'Arlette Chabot elle-même. Croyant bien faire, la directrice de l'information de France 2 commença par rappeler

1. Source : *L'Express*, 26 juin 2008.

le reproche traditionnel fait à la publicité de ne pas démontrer sa véritable utilité économique et d'inciter outrageusement à la consommation sans en justifier véritablement le besoin. Elle n'eut pas le temps de prolonger sa question (en fait, elle voulait simplement rappeler quelques points négatifs avant de questionner ses invités sur l'impact insoupçonné que la grève actuelle avait déclenché dans la vie quotidienne). Ce fut radical.

Dix paires de bras se dressèrent en même temps et des sifflets fusèrent sans retenue aucune : « Quoi, vous commencez par ressasser les vieilles lunes alors que cette grève nous paralyse lentement mais sûrement ! Mais on est où, là ? Si vous n'aviez pas l'État derrière vous, on ne serait même pas là ce soir ! France Télévisions en berne et écran noir pour toutes vos chaînes. Comme les copains ! Un peu de sérieux, s'il vous plaît ! »

Ardisson et Fogiel n'avaient pas pipé, s'étant contentés en introduction de préciser pour le premier qu'il avait démarré sa carrière comme publicitaire en 1972 chez BBDO, puis TBWA, avant de fonder avec Éric Bousquet et Henri Baché l'agence Business, et pour l'autre que la pub, il ne la connaissait que par la télé, sans oublier de préciser : « Thierry, Thierry, "Lapeyre, y'en a pas deux", c'est bien de toi ? Oui, mais j'aurais surtout aimé être le créateur de ton surnom : "Pitbull du PAF". » Ce qui avait immédiatement déclenché l'hilarité générale et détendu l'atmosphère.

Arlette Chabot bien décidée à rester maître de l'émission reprit les choses en main, abondant dans le sens de ses interrupteurs (« Mais non, si nous sommes ici ce soir, c'est que nous sommes tous bien conscients qu'il y a un problème, etc. »). On passa donc rapidement à ce qui faisait problème, l'emploi, et Xavier Bertrand lui-même, le ministre du Travail, cita quelques chiffres de l'ANPE qui firent forte (et mauvaise) impression. Les représentants de la pub eux-mêmes les découvraient en même temps et, pendant quelques secondes, plusieurs visages parurent incrédules, sinon atterrés.

Dans le brouhaha qui suivit, Maurice Lévy leva haut la main, puis se leva lui-même, ce qui fit que, vu sa haute taille, il s'imposa rapidement aux exclamations et commentaires des uns et des autres et, secouant un index vengeur, tel un prophète haranguant des âmes en perdition : « Plus de 2 % du PIB, près de 70 000 entreprises, plus de 360 000 emplois. Je l'ai rappelé à votre confrère, Jean-Pierre Elkabbach, il y a près de six semaines sur sa radio. Voilà ce que c'est que la pub. Il est temps de s'en rendre compte. On ne le savait pas ou on ne voulait pas le savoir. Eh bien, vous l'avez découvert. Nous sommes une force économique. Qu'on ne l'oublie pas. »

Et il se rassit. Cela incita Arlette Chabot à envoyer dans la foulée une courte séquence d'images tournées dans les rues de Paris, et dans son métro, pour montrer toute la force de l'absence de la publicité. Une remontée rapide sur les Grands Boulevards à hauteur des cinémas déparés de leurs affiches, le hall de correspondances du RER à Opéra tout aussi neutralisé, puis, pour faire bonne mesure, un échantillon de quelques plaintes représentatives des secteurs sinistrés : un directeur d'agence, un directeur marketing d'un grand groupe de la distribution, une jeune infographiste très remontée contre les abus des deux précédents. Enfin, le P-DG d'une marque internationale expliqua calmement que si le marché français lui faisait faux bond, il y avait suffisamment à faire ailleurs (« Vers l'Asie, vous voyez ce que je veux dire... ») pour se contenter de traiter l'Hexagone comme un pays du tiers-monde le temps qu'il faudrait, ce qui attira plusieurs remarques acerbes sur le plateau.

Pour faire bonne mesure, la rédactrice en chef de France 2 donna ensuite la parole en direct sur l'antenne à un anti-pub, membre du « Collectif des déboulonneurs » (ceux-là même qui avaient été poursuivis pour avoir barbouillé des affiches aux Champs-Élysées. Mais c'était à une autre époque). Celui-ci avait manifestement bien préparé son intervention, qu'il voulut la plus provocatrice possible :

— Il faut supprimer totalement l'affichage, que ce soit dans Paris ou à l'extérieur, dans les zones urbaines ou à la campagne, partout, fini ces étrons. Les publicitaires pourraient alors se rabattre sur la téloche, au point de corruption où elle en est, pas grave ! Et, par dessus-tout, en finir avec ces ordures dans le métro. Quel bonheur et quel repos pour les yeux et l'esprit, ces murs blancs dans les stations rénovées, un vrai bain de paix et de jouvence. Mais je rêve éveillé[1].

— Vous ne croyez pas que c'est justement très utopique. Il y a plus de 300 stations de métro à Paris, répliqua aussitôt l'animatrice, désireuse de couper court aux commentaires à voix haute de plusieurs publicitaires et annonceurs sur le plateau (« Étron toi-même... », « Mais oui, c'est ça. Et tu les repeins comment tes stations ? », etc.). Et puis, regardez ce que ça donne, la télé sans pub. Voyez où nous en sommes depuis quelques semaines. On ne peut pas nier que...

— Mais tant mieux, madame Chabot ! Moi, je me souviens de ce qu'a dit le patron de TF1, y a un ou deux ans. Il nous disait que sa chaîne elle servait à vendre « du temps de

1. Commentaire d'un lecteur du site www.lemonde.fr à l'automne 2007, à propos d'un article sur la restriction de l'affichage dans Paris.

cerveau disponible à Coca-Cola[1] ! » Dîtes donc, c'est ça leur pub ? Mais ils nous prennent pour des c... ou quoi !

Le brouhaha qui s'ensuivit fut encore plus inaudible que le précédent, quelques dizaines de minutes plus tôt. Des bras se levèrent à nouveau, mais, dans un geste de franc désespoir, les plus ardents défenseurs de la pub se trouvant dûment piégés par une remarque hélas trop connue, qu'on leur ressortait au plus mauvais moment.

Un quart d'heure supplémentaire d'échanges plus que vifs entre « pro » et « anti » pub la mena à son grand soulagement à la fin de la première partie qu'elle annonça (presque) comme à l'accoutumée : « Si voulez bien, nous allons en rester là pour l'instant et nous reprenons le débat juste après cette petite pause, le temps que d'autres invités s'installent. »

Et la régie de France 2, faute de spots, lança quatre minutes de séquences « Le monde en direct » prises en *webcam* fixes dans quelques grandes villes de la planète : une plage au petit matin près de Sydney (Australie), un carrefour anonyme à Stockholm (Suède), les faubourgs de Metz (Lorraine).

Après cet intermède lénifiant, la reprise fut plus calme, avec l'intervention du président de l'Union des annonceurs qui voulut revenir sur la question initiale d'Arlette Chabot, en début d'émission : « Voyez-vous, madame Chabot, et je m'adresse aussi à ceux qui nous regardent ce soir, je crois qu'on ne peut plus passer sous silence l'importance économique de la publicité que le président Maurice Lévy nous a rappelée tout

1. Patrick Le Lay, P-DG de TF1, interrogé parmi d'autres patrons dans un livre *Les Dirigeants face au changement* (Éditions du Huitième jour) en juillet 2004.

à l'heure. Comme l'a excellemment montré une étude[1] très édifiante conduite à notre initiative, et n'en déplaise à ses détracteurs qui semblent être assez nombreux ce soir mais certainement mal informés, la publicité est un facteur de croissance économique. »

Et, insistant, il martela son accoudoir :

— Elle est un facteur de croissance économique ! L'investissement publicitaire pèse en effet de plus en plus lourd dans le PIB des pays industrialisés, comme chez nous, par exemple, puisqu'il y est même supérieur à celui de la défense, qui ne fait que 1 % ! Évidemment, il y a d'autres facteurs variables que la publicité pour expliquer la croissance économique d'un pays, mais on a calculé qu'un marché publicitaire dynamique est une condition *sine qua non* pour que l'économie atteigne des performances élevées et durables. La publicité stimule la consommation, on ne peut pas le nier, mais elle accélère aussi la diffusion de l'innovation, comme on a pu le mesurer dans les entreprises qui ont la plus forte croissance en valeur ajoutée. Ce sont justement celles qui consentent le plus gros effort en recherche et développement et en publicité. Et puis elle dynamise aussi la concurrence et cela, personne ne peut nier non plus que c'est bon pour les consommateurs. Enfin, et là je m'adresse à tous ceux qui aiment le football, comme moi, et qui sont privés de matchs depuis des semaines. Si on n'a plus de matchs, c'est bien parce que le sport est financé par le *sponsoring*, donc par la pub. Plus de pub, plus de sport ! CQFD ! Alors qu'on ne nous dise pas que...

1. « Publicité et croissance économique », UDA, avril 2007.

— Mais pourtant, l'interrompit Arlette Chabot, j'aimerais comprendre. Cette grève, ce ne sont pas les consommateurs qui l'ont déclenchée, même si certains prétendent pouvoir se passer de la publicité. Ce ne sont pas non plus de nouvelles restrictions de la part des pouvoirs publics. Dommage que Maurice Lévy ait quitté ce plateau, parce que, si je me souviens bien, c'est quand même aux annonceurs qu'il en voulait. À ceux que vous représentez et à qui il reprochait de ne pas rémunérer la création des agences à son juste prix.

On bougea soudain beaucoup dans les rangs des publicitaires. C'est vrai, on était quand même en grève pour ça, même si, au fil des semaines, tout avait franchement dérapé. Il était peut-être temps de reprendre les choses en main.

— Arlette Chabot a raison, intervint l'un d'entre eux. Tenez, si on prend l'exemple des publicitaires britanniques. Ils raflent régulièrement les premiers prix dans les classements internationaux et on les considère à juste titre comme les meilleurs créatifs du monde. Mais quand on sait que leurs agences sont bien mieux payées qu'en France, avec un décalage de 4 à 1 en leur faveur, cela montre bien qu'une juste rémunération de la créativité n'est pas vaine et même qu'elle y incite fortement.

Un autre renchérit :

— On ne s'en rend pas compte, mais nos campagnes coûtent horriblement cher. Est-ce qu'on sait, ici, comment ça fonctionne chez nous ? Une campagne, c'est d'abord une compétition. Et ça pèse lourd parce que ça fait intervenir un tas de monde : des créatifs, des gens responsables de l'analyse, ceux qui travaillent sur les mutations des marchés, sur l'évolution des tendances comportementales ; et puis la construction des plans d'achat d'espaces dans les médias. Et ça, c'est un des scandales de la profession car on se sert de nous en mettant une multitude d'agences en compétition, sans presque les rémunérer. Si, par exemple, on relooke le petit écureuil d'une banque bien connue, on va le décliner à toutes les sauces dans les spots télé, dans les annonces presse. Et puis, il y aura aussi un scénario très complet pour la stratégie digitale. Là-dessus, on va calculer les calendriers de passages, sans oublier les relations publiques, le matériel destiné aux agences, mais aussi au personnel. On va mettre également en place une politique de relation client, ce qu'on appelle le « marketing opérationnel », relayer le tout sur de multiples canaux en prenant en compte les différents publics auxquels ont doit s'adresser, former les opérateurs des centres d'appels. On apporte toute une valeur ajoutée créative qui s'appuie sur des choix technologiques et...

— Vous vouliez dire quelque chose, coupa l'animatrice qui souhaitait éviter pugilat et cours de pédagogie trop abscons pour les non-initiés, sur un sujet qu'elle savait sensible, en pointant le doigt vers un jeune homme qui s'agitait sur son siège.

C'était un jeune directeur de clientèle. Il voulait ajouter un argument à caractère général dont il pensa qu'il valait le coup d'être placé à ce point de la conversation, lui-même en ayant fait les frais :

— Oui, une autre conséquence de cette situation, Arlette Chabot, c'est que la pub n'attire plus les jeunes diplômés, alors qu'on y a besoin de gens de plus en plus pointus. Les salaires d'embauche sont bien trop bas par rapport à ce qu'ils peuvent espérer ailleurs. La pub n'attire plus, elle a perdu la fascination qu'elle générait il y a encore dix ans chez les jeunes par manque de promotion et de reconnaissance. Ça ne contribue évidemment pas à améliorer la qualité du recrutement et ça ne contribuera pas, si on continue sur cette voix-là, à améliorer celle des agences à long terme.

Se tournant vers Fogiel et Ardisson, il poussa plus loin sa provocation : « Pouvez-vous me dire dans lesquelles de vos émissions vous avez reçu des publicitaires au cours des douze derniers mois ? Aucune ! Et on s'étonne que la pub n'attire plus. C'est l'une des raisons supplémentaires qui font que la profession est dans une situation sinistrée. »

— De toute façon, poursuivit une jeune femme qui se présenta comme « sociologue à mi-temps et blogueuse pour le reste », tout le monde doit évoluer. Pourquoi croyez-vous que les blogs ont tant de succès ? C'est parce qu'on s'est rendu compte qu'avec eux, le pouvoir avait changé de mains. Avant, c'étaient les marques qui, dans une posture souveraine, parlaient aux gens. Maintenant, ce sont les gens qui parlent entre eux ! Et ils se passent très bien de l'avis des entreprises. Tandis que l'inverse n'est pas vrai. Beaucoup d'entreprises sont très clairement conscientes de cette situation, mais il faut qu'elles comprennent qu'elles ne peuvent pas régler le problème en regardant les étoiles, sinon elles auront beaucoup de mal à se faire comprendre de leurs clients. Elles ont besoin qu'on les aide à décoder les nouveaux modes de fonctionnement. Les agences et les instituts d'études sont là pour cela, mais par arrogance, inconscience, ou soucis d'économies, elles refusent de payer ce travail de fond. C'est en tout cas ce que nous répètent ceux-ci depuis qu'ils ont décidé de faire grève.

— Attendez un peu, grogna le représentant d'une marque de l'alimentaire, sans qu'on lui ait donné la parole. On n'est pas ici pour faire le procès des entreprises. La grève n'est pas de notre fait, je tiens à le rappeler. S'il y a des problèmes, on peut et on doit en discuter. Je vous rappellerai quand même que le « tout gratuit » a fait son entrée dans pas mal de secteurs, en particulier à cause d'Internet. C'est bien le cas pour la musique, pour les films, pour des séries télévisées même. Alors, il faut bien que nous conservions quelque chose à vendre et qu'on ne tue pas la poule aux œufs d'or. Parce que les emplois, c'est quand même chez nous qu'ils sont les plus nombreux. Que les agences fassent également le ménage chez elles. Et puis, de toute façon, quoiqu'on lui propose et de quelque manière qu'on lui propose, ce sera toujours au consommateur de décider.

— Ah, enfin ! On l'avait un peu oublié, celui-là ! s'exclama Arlette Chabot. Si je comprends bien, dit la journaliste avec un grand sourire qui se voulait le plus consensuel possible, voilà notre consommateur qui refait surface et qui redevient ce qu'il aurait dû toujours être : le roi. Quelqu'un a parlé de dialogue, tout à l'heure. C'est vrai que l'intrusion ou le coup de force n'ont plus cours, aujourd'hui, pour convaincre vos clients. Vous devez presque avoir, je dirais... son autorisation. Car avec Internet, c'est vrai qu'il s'implique. Dans le fond, vous devriez tous être satisfaits. Vous avez du pain sur la planche. Vos clients discutent des mérites comparés de vos produits, ceux que vous fabriquez, précisa-t-elle en se tournant vers le chef d'entreprise, et ceux que vous vantez, se tournant vers les publicitaires. Ils partagent leurs expériences, ils font et défont des réputations et critiquent vos discours. Finalement, ils deviennent par eux-mêmes de véritables publicitaires. Alors, faites un effort, les uns et les autres. Vous n'êtes pas seuls. N'oubliez pas les consommateurs. Ils ne demandent qu'à intervenir et que cessent vos querelles qui ne leur facilitent pas la vie depuis plusieurs semaines. Vous le leur devez bien.

Les représentants des entreprises regardèrent les représentants de la pub. Presque un peu honteux. Des applaudissements éclatèrent dans la salle. C'étaient les représentants des consommateurs.

Chapitre 17

Une grand-messe pour la négo

Ainsi, sans avoir trop voulu y croire au début, la France contemplait à présent l'ampleur des dégâts et n'en revenait pas que ce mauvais coup de la pub ait pu l'affaiblir si douloureusement au moral et au physique. Recroquevillée sur elle-même, ses sens ayant été atteints – plus sourde, plus muette, plus empêtrée dans ses mouvement, là où la pub apportait vie et dynamisme – la France s'interrogea. Comment en était-on arrivé là ? Et comment pouvait-on reconstruire ?

Alors, au bout de ces six semaines de grève, le Medef, des dirigeants d'entreprise, les syndicats professionnels, les syndicats tout court, de nombreux politiques, à droite comme à gauche (l'extrême gauche jubilait, elle était bien la seule, les Verts se taisaient, des anti-pub s'étaient fait agresser), vinrent assiéger le gouvernement. Il fallait absolument sortir de cette situation infernale. Même si, pour beaucoup, les Français se montraient décidément incorrigibles, incapables qu'ils étaient de se réformer autrement que par une crise majeure, il n'était plus temps d'entonner les mêmes antiennes. Il y avait urgence !

À l'étranger, pourtant, certains analysaient avec intérêt cette France qui était encore et toujours capable d'étonner le monde par ces mouvements sociaux qui ne ressemblaient à rien de connu. Le succès des *business models* des sites communautaires, comme Facebook ou MySpace, qui reposait essentiellement sur un financement par la pub, se voyait dangereusement remis en cause dans un pays pourtant parmi les mieux disposés à cette forme de convivialité (on communique volontiers, mais en restant chez soi, individualisme français oblige). D'autres, et notamment dans la publicité, commençaient même à se dire que la France, loin d'être irréformable, était au contraire peut-être bien à l'avant-garde de tous les autres. Le risque de contagion n'était pas nul. Il fallait voir ce qui sortirait de tout cela. Peut-être un nouveau modèle économique pour la publicité ? Les scénaristes américains en grève de la Writer's Guild avaient bien évoqué l'idée de monter des joint-ventures afin de se libérer du monopole des studios et de diffuser directement leurs écrits sur le Web. Un renouveau de relations agences-annonceurs émergerait peut-être. Le contenu même de la publicité, sa finalité, son mode d'emploi, tout cela ne manquerait pas d'évoluer après une telle remise en cause. Les Français étaient peut-être tout simplement en avance. Avec les surprises à répétition dont ce pays n'était pas avare depuis qu'il avait élu son nouveau Président, il y aurait peut-être du bon à prendre.

Mais, dans les milieux économiques, un mot, maintenant, était sur toutes les lèvres, et ce mot tombait comme un couperet chaque fois que s'exprimait un P-DG sur une antenne (même si les occasions étaient désormais rares), dans un improbable journal ou revue (à l'étranger, ça fonctionnait parfaitement bien et on ne s'en privait pas), ou encore dans un cabinet ministériel ou dans une salle de réunion. Car la situation n'était plus tenable. Des investisseurs, des entreprises étrangères mais aussi françaises envisageaient sérieusement de laisser la France croupir dans ses problèmes. Et ce mot qui glaçait les sens, c'était : « délocalisation ».

L'idée avait germé dans plus d'un esprit, et notamment dans la pub. Après tout, les actifs d'une agence, c'était de l'immatériel. Et ça pouvait se gérer de partout. Avant la grève, les grands réseaux internationaux créaient déjà et lançaient des campagnes mondiales à la vitesse d'Internet pour passer des ordres, envoyer des visuels, des jingles, des spots entiers, des sites complets codés en HTML, etc. L'Hexagone n'était qu'une petite tache sur la carte. On pouvait donc tout à fait imaginer délocaliser davantage toute la partie créative, par exemple à Londres, si proche et si dynamique à la fois, où de nombreux DA[1] se laisseraient facilement convaincre d'aller s'installer. Les chaînes françaises avaient viré au noir ? Pas grave. On négocierait leur reprise ou leur sous-location avec le CSA et on reconstruirait une offre publicitaire à partir de l'étranger. D'ailleurs, c'est presque ainsi que les radios dites « périphériques », Radio Luxembourg, Europe n° 1 et Radio Monte-Carlo (pour reprendre leurs anciennes appellations) avait fonctionné jusqu'au début des années 1980. Elles émettaient du Grand-Duché, d'Allemagne, d'Italie. Rien n'empêchait de rééditer l'exploit pour les télé, pour les agences de pub, pour les *web agencies*, mais avec, en plus, les studios, les régies d'achat d'espaces, et d'autres services et activités qu'on ne manquerait pas de trouver, tous également à l'étranger. Finalement, les grandes agences françaises avaient bien

1. Directeur artistique : personne en charge de l'aspect artistique d'une production cinématographique ou audiovisuelle, d'une campagne de publicité, d'une publication ou d'un projet multimédia. Il constitue avec le concepteur-rédacteur le maillon clé de la création.

réussi à s'internationaliser et à créer des concepts déclinables à l'échelle planétaire. Déjà largement présentes à l'étranger (sans parler des agences anglo-saxonnes), pourquoi n'interviendraient-elles pas sur le marché français à partir de leurs structures expatriées ? Dans un premier temps, donc, le Web, la télé, peut-être, pourraient rapidement prendre le relais des médias nationaux en panne. Et pour la suite, on verrait bien les leçons qu'on pourrait tirer du conflit pour réorganiser la profession dans un sens qui exclurait tout nouveau risque de prise en otage.

Cette menace, comme Maurice Lévy l'avait rappelé le premier jour de la grève, au micro de Jean-Pierre Elkabbach, ce n'étaient pas chez les Chinois qu'il fallait en chercher la cause. La mondialisation avait bon dos. C'était ici et maintenant qu'était le problème. Aussi, pour s'en sortir, Maurice Lévy, au nom des professionnels du secteur, s'adressa-t-il officiellement au Premier ministre. Il lui demanda d'organiser une rencontre autour d'une table de tous les représentants concernés, à l'image de la négociation historique qui avait permis de débloquer la France en grève de Mai 68 ou, plus récemment, de lancer le plan d'action national en faveur de l'environnement. Une grand-messe de la négociation comme seul ce pays était capable d'en organiser sous les yeux du monde admiratif et vaguement dubitatif. Un Grenelle de la publicité.

Chapitre 18

Sortie de tunnel

Estelle n'avait pas chômé depuis près de cinq semaines. Paradoxe de la grève qui avait tétanisé le pays, jamais son cabinet d'études n'avait été autant sollicité. Tout le monde voulait comprendre, et comme tout le monde prétendait n'avoir rien vu venir, il avait bien fallu tout réexpliquer.

Rapidement, elle se rendit compte, à écouter les uns et les autres, que la crise reposait, pour beaucoup, sur une assez mauvaise foi autant que sur un manque de communication (autre paradoxe pour un secteur censé en être le porte-drapeau).

La mauvaise foi, c'est que tout le monde avait les cartes en main. Chacun connaissait parfaitement les raisons du blocage. Les centaines d'interviews menées depuis des années auprès des patrons du CAC 40, dans les agences, chez les annonceurs, les dizaines d'études sur les relations agences-annonceurs vendues régulièrement à ceux-là mêmes qui jouaient aujourd'hui les étonnés ; tout cela démontrait à l'envi qu'il n'est de pire sourd que celui qui ne veut pas entendre !

La mauvaise communication, là, c'était tout aussi clair. Ces messieurs-dames des agences et des annonceurs n'avaient pas vraiment, c'était le moins qu'on puisse dire, fait beaucoup d'efforts pour améliorer les choses. Ça n'était pas que les très officielles AACC et UDA n'eussent jamais précisé les choses, décrit les métiers, engagé aux bonnes pratiques, édité les guides les plus complets, ni organisé les plus fructueuses rencontres. L'inertie des uns, la mauvaise foi souvent, la réticence à rompre les conventions, la dimension microcosmique de ce petit monde, tout avait contribué à ce que rien ni personne n'ose faire « bouger les lignes ».

Après le rendez-vous matinal à l'Élysée, elle avait été rappelée par Aurélien que le Président, convaincu des qualités du jeune stagiaire et pas fâché de doubler ses réseaux traditionnels qui avaient objectivement failli à ses yeux, avait investi du rôle de chargé de mission officieux pour nourrir sa réflexion et l'aider à faire avancer les choses. Ils s'étaient revus régulièrement et Aurélien s'était plusieurs fois rendu au bureau d'Estelle pour se faire expliquer en détail la méthodologie des études et leurs conclusions, et analyser avec la direction les grandes orientations possibles pour la grand-messe du Grenelle de la pub annoncée par le Premier ministre. Celui-ci avait choisi d'en confier l'orchestration à un duo de choc, 100 % féminin de surcroît : Christine Albanel, ministre de la Culture et de la Communication, et Christine Lagarde (pour veiller au grain financier), désignées comme grands officiants. Compte tenu de l'impact médiatique – si l'on pouvait dire – de la grève, Nicolas Sarkozy avait même tenu, après coup, à y ajouter son talentueux ministre du Travail, Xavier Bertrand, qui avait si bien réussi à conduire les négociations sur les régimes spéciaux, l'automne précédent. Dans son esprit, l'emploi était évidemment l'une des conditions du développement durable d'un pays dynamique, actif, imaginatif. Remettre la publicité sur pied, c'était en garantir les emplois et même, il le réclamait expressément, en créer de nouveaux pour peu que l'on fût capable d'en réinventer les pratiques et la réglementation.

Juliette était repartie pour la Chine. Il était convenu qu'elle serait associée à la mise en place d'un réseau fédérant les différentes actions culturelles et de communication de la France dans ce pays, un peu sur le modèle de celles initiées par le poste d'expansion économique avec les entreprises, mais en y associant les groupes publicitaires français présents sur place. La « fracture culturelle », ou plus simplement la formidable évolution qu'il avait perçue chez la future première économie mondiale, justifiait qu'on y regardât d'un peu plus près pour en tirer des enseignements pour nos entreprises et les aider à mieux communiquer sur place, mais aussi pourquoi pas chez nous, avec l'aide de professionnels bien aguerris, comme l'agence de Juliette. S'ils nous inondaient d'importations à des prix défiant toute concurrence, les Chinois méritaient bien en retour que le savoir-faire publicitaire à la française devienne incontournable chez eux.

Aujourd'hui, ils se retrouvaient pour une réunion informelle sur les quais de Puteaux, au siège du groupe Bolloré. L'industriel breton, actionnaire depuis près de deux ans du groupe Havas, était également à la tête d'un des rares conglomérats à la française, diversifié dans les films plastiques, le transport maritime, la logistique, l'énergie, etc. Il possédait également sa propre chaîne de télé, Direct 8, pour l'instant diffusée sur la TNT (télévision numérique terrestre), et se trouvait donc dans la très inconfortable situation de l'arroseur arrosé, privé qu'il était de tout outil publicitaire pour dynamiser ses autres activités. Avec leurs interlocuteurs de Direct 8, tous anciens passés par des agences, deux représentants de l'AACC et deux autres du club des DA, plus trois participants pour chacun des deux collectifs fondés pendant la grève, ils mettaient au point la feuille de route pour les négociations à venir. On savait que Maurice Lévy y serait, Bolloré aussi, ainsi qu'un ou deux députés qui accompagneraient la ministre de la Culture et de la Communication, outre Christine Lagarde. En fait, l'ampleur de la grève et son impact sur le public et sur la vie économique mettaient la profession en position de force, face à des pouvoirs publics dont la connaissance des problématiques était somme toute trop récente (ou trop biaisée) pour qu'ils prennent la main.

« Voilà encore une belle exception française, soupira Estelle à ce propos. Nous sommes à peu près le seul pays moderne à avoir un ministre de la Culture et de la Communication. Ça fait très Ancien Régime et c'est encore une de ces spécialités dont personne, à ce que je comprends, ne peut ni ne veut se défaire. Je ne vois pas d'autre comparaison qu'avec la Chine, mais, là-bas, on sait pourquoi la culture et la communication restent bien encadrées. Tu avoueras, Aurélien, qu'entre la loi sur les droits d'auteurs sur Internet de Donnedieu de Vabres, il y a deux ou trois ans, et le blocage des sites "incorrects" à Shanghai, on est un peu dans le même registre. C'est comme pour la bibliothèque virtuelle de Google. Dès que l'État n'est pas intéressé ou n'y comprend rien, ce qui est pire, on construit vite une ligne Maginot ! Ça ne devrait quand même pas être trop difficile de faire quelque chose "pour" et non pas "contre". Au moins pour une fois... »

Aurélien préféra ne pas relever le propos iconoclaste, lui qui avait au contraire été tenté d'intégrer le dispositif régalien de l'État, pourquoi pas à la Culture...

« D'ailleurs, c'est flagrant, poursuivit Estelle, votre ministre s'occupe bien plus de culture que de communication. Pour la com', désolée, mais elle ne s'occupe que de l'audiovisuel.

Parce que ça, tout le monde connaît, c'est du *showing off* en permanence, et l'État est de toute façon incapable de résister aux pressions. Courir les événementiels, ça aussi, vos ministres savent faire. S'aplatir devant les intermittents du spectacle qui vous sabotent une saison entière de festivals et récompenser ensuite ces petits chéris qui n'en demandaient pas tant ? Pas de problème ! Mais les métiers de la pub ? Ceux qui rament jusqu'à point d'heure devant leur PC ? Connais pas ! Les droits d'auteur dans la pub ? Quoi ? Pour ces galeux qui se sont goinfrés et qui veulent vous faire prendre des vessies pour des lanternes ! C'est sans doute moins gratifiant pour son ego et... »

Aurélien interrompit là la diatribe qui commençait à l'indisposer, tandis qu'autour de la table on riait franchement :

— On y veille, Estelle, on y veille. On est même là pour ça, en tout cas pour préparer le terrain. N'oublie quand même pas que la loi sur les quotas a été le meilleur moyen pour imposer un minimum de 40 % de chansons françaises sur les ondes et si elle n'existait pas, tu n'aurais pas loin de 100 % d'anglaises, et qui plus est éditées par les *majors* américaines. Mais tu as raison. Tu verras qu'avec une bonne loi, on pourra certainement mieux protéger les droits d'auteur de nos amis publicitaires.

— Et nos métiers ! Et nos métiers ! s'exclamèrent « Free-lances en colère ! » et « La pub en colère ! ».

Le tour de table entrepris par le groupe de travail n'éluda aucun sujet, quand bien même Aurélien ressentit quelques sueurs froides à l'énoncé des revendications qui s'empilaient. Non qu'elles lui parussent incongrues, car ses conversations avec les collectifs l'avaient convaincu que les méthodes en cours vis-à-vis d'un grand nombre de métiers de la pub ou de la com' révélaient parfois de réels abus. Mais il se demandait, par exemple, jusqu'à quel point un sujet aussi spécifique qu'une régulation codifiée, systématique et juste des « compèt' » impliquant, prenant en compte, entre autres, les *free-lances*, devait y apparaître. Outre que ceci lui paraissait difficile à formaliser autant qu'à mettre en œuvre, il se demandait comment Lévy et ses pairs et les représentants des ministères allaient accepter de se pencher sur ce niveau de détail. Mais, se souvenant du « parler-vrai » d'Estelle et de lui-même dans le bureau de Nicolas Sarkozy (et de la sincérité équivalente de ce dernier), il décida qu'il ne fallait rien censurer.

En plus de l'aspect financier qui revenait sur toutes les lèvres, il avait en tête un point fondamental qu'Estelle et Nathalie avaient soulevé : la mise à disposition à bon compte, pour les annonceurs, d'idées et concepts dans lesquels ils pouvaient puiser à loisir. Ce que certains, parmi les plus riches, mais pas les plus délicats, ne se gênaient pas de faire, puisqu'ils ne restituaient quasiment jamais les plans, recommandations et créations que parfois cinq ou six agences avaient développés dans le cadre d'un appel d'offres. Se posait quelque part le problème de la propriété industrielle qu'il faudrait adapter à la propriété intellectuelle liée aux idées développées. Lors des nombreux entretiens qu'il avait eus avec les professionnels membres du Syndicat des métiers de la communication, il avait rencontré quelques brillants jeunes patrons d'agence. Dont les mots de l'un d'entre eux, Benoît Héry président de Draftfcb, lui revenaient très précisément à l'esprit : « Il va falloir prendre des risques. Le premier est de réinvestir dans la R&D. Nous sommes dans un métier où l'on passe son temps à ne pas investir un centime pour la suite, pour demain. On ne fait pas un métier sans reverser, à un moment donné, quelque chose à la collectivité. Je veux dire que le sens de l'impôt n'est pas seulement fiscal : il y a aussi un impôt intellectuel et de développement. On doit accompagner le secteur dans lequel on exerce. Cela ne sera pas facile dans le contexte financier, mais il va falloir reprendre des risques et savoir refaire confiance. On n'a pas de valeur ajoutée si on ne risque pas, si on n'innove pas. » Finalement rien n'était perdu ! Si on creusait ce type d'analyse, le renouveau n'était pas loin. Il fallait simplement tout mettre à plat.

À cet instant précis, Vincent Bolloré, à la surprise de tous (sauf d'Aurélien qui l'avait vu passer dans le couloir et comprit vite pourquoi), entra dans la pièce. Le persévérant et redouté patron breton (« Il fait même encore plus jeune que sur les photos », pensa Aurélien) joua les discrets : « Je n'interviens pas ! Je n'interviens pas ! Vous êtes chez vous. Profitez des bureaux. C'est génial ! Je voulais simplement vous dire que je suis très content que ça réfléchisse fort et qu'on avance. Vous êtes formidables ! Évidemment qu'on doit prendre des risques et innover ! Sinon, c'est comme dans l'industrie, hein ? Si tu ne bouges pas, tu meurs ! Moi, ça fait trente ans que je bouge. Et ça marche ! D'ailleurs je leur dirai à la réunion. Avec Maurice, on s'est entendus. On va mettre le paquet sur la com'. Pour leur expliquer à tous qu'on a un atout fantastique et qu'on va s'en servir comme des dieux. Le monde a changé. Nous sommes à l'ère de la communication, du numérique et de la mobilité. Il faut qu'on ait un concept d'avance, nous, la publicité française. Il faut créer un concept d'agence original et novateur, où l'interactivité des métiers soit au cœur du système. Pour qu'on soit capable de traiter tous les grands sujets en sachant trouver pour chacun la *big idea* qui lui convienne le mieux. Un concept d'agence qui ne se prenne pas trop au sérieux, mais où l'on ait envie de venir et de revenir. Un concept qui doit être construit selon une logique industrielle en mettant au centre l'innovation et la R&D. Et ce concept sera français ! »

Sur ce, il referma la porte, laissant là interloqué le groupe de travail qui n'en revenait pas de cette déclaration aussi triomphante qu'impromptue.

— C'est du cocorico, mais il a raison, réagit un *free-lance*. Vaut mieux ça que de continuer à la fermer et de se faire marcher dessus par tout le monde. D'ailleurs, on est là pour faire avancer les choses et leur donner des idées, à tous. Pas vrai ? Alors, on continue !

Pour les agences, ils passèrent en revue les points sur lesquels se fonder pour que la relation avec les annonceurs fût demain différente, nouvelle, et que les droits et devoirs des uns et des autres fussent redéfinis.

« Il faut légiférer, réclamèrent les agences, ou qu'on fonctionne par décret. Exactement comme pour la loi sur les quotas que vous avez mentionnée. On est dans la même situation où se trouvaient les chanteurs français : nos revenus se cassent la gueule et pourtant c'est bien nous qui avons créé les programmes diffusés pour le compte des entreprises. »

Aurélien était bien d'accord avec eux. Mais, comme il le leur rappela, la profession avait de son côté certainement besoin de repenser le fonctionnement des organisations qui la représentaient.

— Chacun fonctionne dans son coin, et cela n'aide pas à améliorer les choses. Pensez qu'au printemps 2006, deux guides sur les relations agences-annonceurs ont été édités séparément ! Et d'autres guides sont en cours de préparation. On se retrouve donc devant un nombre important de fonctionnements en « silos », tout comme au sein des entreprises. Chacun défend son « bout de gras » et, bon an, mal an, chacun essaye de tirer sur la corde pour essayer de faire payer les annonceurs qui, par ailleurs, et on est bien d'accord là-dessus, sont d'assez mauvaise foi. À un moment ou à un autre, il va bien falloir coordonner tout ça et y mettre un peu de transversalité !

— *No problem* ! rétorquèrent en chœur les agences. Mais le silo des entreprises aussi, il faudra bien y mettre le nez. Rien qu'à La Poste, ils ont près de 245 services de com' : auprès du Président, dans les directions, dans les régions, etc. Comment voulez-vous gérer une politique de marque dans une telle tour de Babel ? Tout est éclaté, l'institutionnel d'un côté, la communication commerciale de l'autre, l'événementiel des uns, les actions publicitaires des autres, les promos, etc. Et comment voulez-vous qu'avec 5 ou 10 pour ne pas dire 50 agences en face, et même plus si on inclut la province, ça fonctionne harmonieusement ? Est-ce qu'il y a même un pilote dans l'avion ? Bien sûr, on ne veut pas empêcher que plusieurs agences travaillent pour un même annonceur. Une seule agence ne peut pas tout faire à elle seule. Mais au lieu de travailler chacun dans son coin, nos clients doivent d'abord vérifier qu'ils font bien tirer tout le monde dans le même sens. Ça évitera des pleurs, des grincements de dents et des déperditions financières colossales.

L'argument parut tout à fait judicieux. L'autre piste de reconstruction portait bien évidemment sur l'épineux problème des honoraires qui ne rémunéraient pas suffisamment la création de l'idée, la commission d'agence sur l'achat d'espaces n'étant plus qu'un lointain souvenir sur lequel il était inutile de revenir.

Des droits sur l'idée, des droits sur les créas étaient indispensables, à l'égal de ce qui se faisait pour les droits d'auteur. Là encore, Aurélien prit bonne note, souhaitant intérieurement bien du plaisir aux négociateurs pressentis pour le grand show et qui auraient à déterminer ce point crucial. L'avantage en paraissait évident. Et une bonne créa devait pouvoir fonctionner suffisamment longtemps sans que la lassitude vienne ébrécher son impact. La preuve ? Les meilleurs concepts étaient utilisés pendant deux, trois ans, voire plus. Cela signifiait des rémunérations récurrentes pour les agences si leurs campagnes étaient *successful* et, par voie de conséquence, des campagnes sans doute plus pérennes. La cohérence et les économies d'échelle ne pouvaient qu'y gagner. Mais cela appelait la mise en place d'outils de mesure qui induisaient plus de concertation, de transparence et d'implication des patrons chez les annonceurs. L'outil idéal capable d'analyser et de comptabiliser la contribution de chacune des multiples actions de communication, de la pub TV en passant par le Net, la PLV, et les promotions en magasin, aux résultats de l'entreprise ou à l'augmentation du chiffre d'affaires, était, selon certains, un leurre. À l'époque des « analystes financiers maîtres du monde », il en doutait, sachant pourtant au fond de lui que bien d'autres choses se cachaient derrière cet obscurantisme, notamment des enjeux humains, des peurs et un peu de mauvaise foi.

Pour faire bonne mesure, on y ajouta le souhait d'une redéfinition des conditions d'exécution des contrats, souvent synonymes d'abus, voire de risques de corruption. Les achats, puisqu'ils étaient parties prenantes en raison de leur poids accru, sinon décisif, au sein des entreprises, devaient être les premiers à y être associés. Sur ce point, une mise à niveau au cas par cas dans les entreprises devait être initiée, nombreux encore étant les acheteurs qui refusaient la notion immatérielle de l'intelligence et de la création. Heureusement, certaines entreprises parmi les plus grandes – Michelin, EDF, SNCF, La Banque postale, etc. – avaient une longueur d'avance et pouvaient servir de référence aux bonnes pratiques. Et puis, finis les « petits gestes » commerciaux imposés aux sous-traitants parce qu'un point de la procédure d'achat n'avait pas été respecté à la lettre, souvent bien malgré eux.

Le système des compétitions fut aussi dûment inscrit sur le cahier de doléances. Les réattributions des gros budgets donnaient lieu à de véritables abus. L'investissement pour une « grosse » campagne non retenue coûtait quand même à chaque perdant pas loin de 100 000 à 150 000 euros. Même avec un dédommagement de 10 % dans le meilleur des cas (souvent c'était zéro et l'UDA n'y voyait rien de mal), la perte était sèche. Alors que, dans la plupart des cas, les exigences de qualité, autant que les habitudes prises, faisaient que les maquettes présentées, les spots, les jingles, les packagings, correspondaient déjà à très peu de choses près au produit fini. C'est alors que le système montrait toute sa perversité. Pour tenir leurs objectifs de rentabilité, les perdants se voyaient immanquablement obligés de reporter sur leurs budgets en portefeuille l'écart négatif en faisant des économies soit de temps passé des équipes, soit d'investissements. Arroseur arrosé, le prospect devenu client remboursait donc l'investissement de la compèt' perdue, mais en ne manquant jamais de se plaindre des envolées des honoraires. Cette course au rattrapage budgétaire interdisait en outre aux agences de s'adjoindre les meilleurs talents, donc les plus chers, dégradant ainsi un peu plus leur compétitivité. Tous ces points furent inscrits dans le compartiment « décret ou projet de loi ».

Estelle intervint alors, à un moment où la teneur de la discussion lui paraissait bien résumer toute l'acuité du problème. « Mais attendez ! Faites comme les avocats ou comme les experts-comptables, les architectes, les médecins. Vous vous plaignez, mais tout le monde travaille dans le désordre. Vous le reconnaissez vous-mêmes. Alors, mettez-y de l'ordre. Créez une charte. Créez un Ordre. Un Ordre de la publicité ! Des règles écrites, valables pour tous. Des bonnes pratiques, obligatoires pour tous et les choses seront claires ! J'irai même plus loin. On parle de banques d'affaires, d'avocats d'affaires. Et pourquoi pas de communicants d'affaires. Ce serait une belle manière de revaloriser la fonction, vous ne trouvez pas ? » La proposition fit un tabac.

Quelques heures plus tard, le groupe de travail se sépara. Aurélien était épuisé mais satisfait. Son rapport au cabinet du Président serait complet. Rien n'avait été omis. Aucune piste écartée. Le grand show pouvait commencer.

Nicolas Sarkozy avait demandé à le relire personnellement avant de le repasser aux ministres concernés. Avec l'espoir de voir gagner son camp dans la prochaine élection, son intervention dans ce faux-pas de la pub où tout le monde s'était pris les pieds (à commencer par les politiques) ne pouvait qu'être bénéfique.

En rangeant ses notes, Aurélien prit peu à peu conscience que, depuis plusieurs semaines, il avait été associé à un événement majeur de la vie nationale. Essentiellement sectoriel et économique à l'origine, celui-ci avait débordé dans la sphère publique et même politique au-delà de ce que les mieux (ou les plus mal) intentionnés auraient pu espérer. Sans forfanterie, on pouvait imaginer que le grand *breakdown* de la pub de 2008 resterait dans les annales de la mémoire collective au même titre que Mai 68. Et lui, Aurélien, avait été au cœur des événements.

À partir de ce soir, il n'aurait plus à y être mêlé directement, même si sa participation, initiée au plus haut niveau, par le président de la République lui-même, ne manquerait pas d'avoir été remarquée. Mais paradoxalement, son « désir d'ENA » s'en était trouvé affadi. Après tout ce qu'il avait appris, il sentait de manière sûre qu'il trouverait bien plus d'opportunité d'épanouissement à rejoindre un secteur où il y avait tant à reconstruire. Le terrain était national. L'enjeu mondial. Son idée était faite. Rastignac était de retour. « À nous deux, la pub ! » Et puis, il allait revoir Estelle...

Chapitre 19

Épilogue

Un doux soleil commençait à réchauffer la température de la matinée alors qu'il avait plu toute la nuit et Pierre se sentait comme un appétit nouveau pour commencer sa journée. Il comprit pourquoi. Ce matin, aux nouvelles de 7 heures, on avait rappelé que la douceur annoncée des jours prochains laissait entrevoir un prolongement de cet automne anormalement doux ; presque un été indien. « Bon sang, mais c'est bien sûr, c'est une remontée de sève ! », se moqua-t-il de lui-même intérieurement.

Ah oui ! Il avait aussi entendu que le marathon du « Grenelle de la pub », comme on l'avait appelé, s'était achevé le week-end précédent et que les protagonistes s'étaient finalement mis d'accord sur les conditions d'une reprise de l'activité dans le secteur. D'ailleurs, quelques minutes plus tard, Laurence Ferrari confirmait la nouvelle en recevant au journal de 20 heures sur TF1, Maurice Lévy, le président de Publicis, celui-là même qui avait annoncé le désastre plusieurs semaines auparavant et qui proclamait à présent une grande campagne nationale de relance de la distribution en partenariat avec les annonceurs, la totalité des enseignes, les pouvoirs publics, les grandes entreprises nationales, les associations de consommateurs et Dieu sait qui encore. M. Lévy se félicitait en outre de l'ère nouvelle qui s'ouvrait pour une publicité encore plus respectueuse des attentes et des sensibilités des consommateurs et encore plus respectée par ses partenaires pour sa dimension économique incontournable.

« Bravo, se dit Pierre, avec un soulagement quelque peu amer, voilà la pub enfin reconnue d'utilité publique par les forces vives de la Nation ! » Il était temps. Victoire venait de lui annoncer qu'elle comptait s'installer chez sa sœur à Londres jusqu'à ce que ça cesse pour quitter la déprime parisienne, sa « téloche » pour demeurés mentaux, ses « cinoches » fermés pour relâche, ses magasins de plus en plus « glauquissimes » et son métro soviétique, comme il lui avait dit un jour.

Près de la bouche de métro, un attroupement attira son regard. Un colleur d'affiches, juché sur sa nacelle électrique, étalait à grands coups de pinceaux sa colle gluante sur un lé de papier coloré et découvrait par fragments une somptueuse créature de rêve. Une affiche ! Une vraie ! Enfin ! D'autres gens s'étaient également rapprochés et suivaient d'un œil attentif l'humble travail de l'homme en salopette. Une jeune femme ne put s'empêcher de passer la main sur un coin inférieur du papier pour en chasser une bulle d'air, sous le regard approbateur et presque envieux des autres spectateurs. Pierre eut soudain chaud au cœur. Il contempla avec reconnaissance l'affiche qui se déployait carré par carré au-dessus de lui. Il sentit que son regard s'embuait. La pub était de retour. Elle lui avait manqué.

FIN

Composé par Sandrine Rénier

Dépôt légal : octobre 2008
N° d'éditeur : 3739
IMPRIMÉ EN FRANCE

Achevé d'imprimer le 20 octobre 2008
sur les presses de l'imprimerie « La Source d'Or »
63039 Clermont-Ferrand
Imprimeur n° 12346

*Dans le cadre de sa politique de développement durable,
La Source d'Or a été référencée IMPRIM'VERT®
par son organisme consulaire de tutelle.
Cet ouvrage est imprimé - pour l'intérieur -
sur papier offset "Amber Graphic" 90 g
des papeteries Arctic Paper, dont les usines ont obtenu
la certification environnementale ISO 14001
et opèrent conformément aux normes E.C.F. et E.M.A.S.*